＼ゲッターズ飯田の／

運がよくなる口ぐせ

Phrases That Bring Good Luck

ズ飯田

プレジデント社

はじめに　運がよくなる「最強のひとこと」

こんにちは。占い師のゲッターズ飯田です。
この本を手に取っていただき、ありがとうございます。

僕はこれまで、約28年間で7万人以上を占ってきました。
浮き沈みの激しい世の中で、大成功を収めた人、人気の絶頂にある人、逆に、再起をかけてなにか新しいことに取り組もうとしている人など、いろいろな状況の人と出会ってきました。

そのなかで、運を味方につけて人生がうまくいく人と、そうでない人とで、口にする言葉に違いがあることに気がついたのです。

本書のタイトルでもあるその「運がよくなる口ぐせ」に興味を持ってくれたあなたに、早速、〝最強のひとこと〟をお教えしましょう。それは、

「わたしは運がいい」

これに尽きます。

この本を読んだあなたは、「わたしは運がいい」と一生言い続けてください。

どういうことか、理由を解説していきますね。

そもそも、僕は占いにおいて、「無償で占う」というスタンスを大事にしています。

占い師と呼ばれる人の多くは、占いと引き換えにお客さんからお金をもらって生計を立てていますが、僕自身は、**お金をもらって占いをしたことは基本的にありません**（有料イベントをやっていた時期はあります）。世界には、権力者の〝お付き〟として何千万円もの大金を得ている占い師もいるそうですが……。

無償で占うのにはわけがあります。僕は、占いは統計だと考えていて、とにかくたくさんの人の運気を鑑定することが、占いの精度の向上につながります。

もし占いそのものでお金をもらうとなると、「占いにお金を出す人」しか占うことができず、データが偏ってしまいます。無償だからこそ、老若男女、多種多様な人々を占うことができるのです。

つまり、より幅広い層を占っていて、それぞれの層の傾向をよりつかんでいると言えると思います。

占いをするときは、まず生年月日と名前をノートに書いてもらい、占いの計算をして、手相も確認したのち、総合的な鑑定結果をお伝えします。

そして、いま直面している悩みや課題をお聞きし、そのことに対する性格的な向き不向きや、中長期での運気の流れなどを、じっくりと時間をかけてお話ししていきます。

成功をつかんだ人、人生がうまくいっている人は、その対話のなかで先ほどの言葉――「わたしは運がいい」――を口にするのです。

彼ら彼女らは、自身の運のよさを心から感じています。

「僕なんてなんの努力もしてないんです。運がいいだけでここまできてしまいました」と謙遜する人もいれば、「日本人に生まれただけで、この時代に生まれただけでわたしは本当に運がいい」と、〝生まれ〟そのものの幸運をしみじみと語る人もいます。

あるいは、大変な苦労をしてきて、傍《はた》から見れば波乱万丈な人生を送ってきたのに、「このくらいで済んだんだから運がよかったんです」と言う人もいます。

なぜ、彼ら彼女らはみな共通して「自分は運がいい」と言うのでしょうか？

「運がいい」と言う人は、人も、情報も、運も呼び寄せる

人生のほとんどのことは、その人の持っている実力、積み重ねてきた努力がも

のを言います。たしかな力のある人のもとに、人も、お金も集まってくるものです。

ところが――全員が同じだけの努力をしても、どこか差が出てくる。

どんなに一生懸命頑張っても結果が出なかったり、裏目に出てしまったりすることがあります。

反対に、あまり頑張っていなかったのにやけに評価されたり、なぜか楽しい時間を過ごせたり、といった経験のある人もいるのではないでしょうか。

世の中には、人生には、「運」が働くときがあります。もちろん、個人個人の才能の差もあるでしょうが、「運」としか言いようのないことがあるのもまた、事実です。


つまり、できる限りの努力を積み重ね、力をつけて頑張ってきた人ほど、それでもコントロールしきれない「運」というものがあるということ、そしてそれが人生を左右するということを、はっきりと認識しているのです。

そして、いま自分がうまくいっているのは「運がいい」からにほかならない、とわかっているというわけです。

逆はどうでしょうか。

「わたしは運が悪いんです」「いままで運がよかったことがない」「最近、全然いいことがなくて」……。

占いの鑑定結果をお伝えする前、なんなら、僕と目が合った瞬間からこんなことを言う人が、ときどきいます。でも、実際に占ってみると、生まれつき運が悪いわけではないし、運気が低迷している時期でもない。

その人自身が「運が悪い」と勝手に決めつけて、思い込んでいるだけなのです。

実際、このように「運が悪い」とばかり言っている人には、「運がいい」出来事は起こらないでしょう。

誰だって、ふたこと目には「運が悪い」と言う人とは話したくないし、遊びたくないし、仕事も一緒にしたくありませんよね。そうして周りから人がいなくなってしまえば、助けを得ることはできずどんどん苦労が増えて、遊び相手もいなくなり、楽しい時間も減っていくはずです。

逆に、いつも「運がいい」と言っている人がいれば、「この人にはなにがあるんだろう？」「自分も一緒に運の波に乗れるかも」と、ポジティブな興味を持って近づきたくなるのが人というものです。

人が集まれば情報も集まり、前向きに人生を切り拓《ひら》いていくことができます。

「運が悪い」と言うほど、運は逃げていく

「運が悪い」という言葉には、もうひとつ大きな問題点があります。

人は普段、ものごとを誰かの責任にするとき「○○が悪い」と表現します。

「あの人が悪い」「旦那が悪い」「会社が悪い」「国が悪い」……。

これと同様で、「運が悪い」という言葉は、起きた悪い出来事を「運のせい」にしているということになります。

運のせいにする人に、運は味方するでしょうか？

「運が悪い」と口にする人は、本心では「だから運がよくなりたい」という願いを持っているのだと思います。それなのに、自分で「運が悪い」と言うことで、気づかないうちに運を遠ざけてしまっているのです。


ちょっとしたトラブルや、ものごとがうまくいかないのを運のせいにしていては、なにも変わりません。

こうなる前になにかできることはなかったのか？

あのとき自分がしっかりするべきだったのではないか？

もっと先を見越して行動できたのでは？

仕事でも、恋愛でも、人間関係でも、「運のせい」ではなく、まずは「自分のせい」にして反省し、そこから学んで活かしていくことで、「不運」と感じる出来事は減っていくはずです。

先ほどお伝えした通り、世の中には「運」としか言いようのないことがあります。

それが幸運か不運か、どちらに転ぶかは誰にもわかりません。

それでも、日々「自分は運がいい」と前向きに捉えて努力を重ねていれば、本当に避けられない「不運」が起きたときには周りの人が助けてくれるはずですし、あなたにはそれを乗り越える力が蓄えられているはずです。

なんでも自分ひとりの実力と努力と才能で生きていると勘違いし、よくない出来事が起こると「運が悪いから」。そんなふうに言う人ではなく、**自分の成功は「運がよかったから」と言える人のもとに、運は集まってくる**のです。

運をよくしようと思ったら、自分を導くための言葉がけが大切です。
「わたしは運がいい」もそのひとつ。

本書ではこのように、僕がこれまで7万以上の人と出会ってきて見つけ出した、
「運がよくなる口ぐせ」を紹介します。
言葉ひとつで人生は変わるもの。
前向きな言葉、いい言葉を選び、使い続けるだけで、人生は簡単に好転します。

あなたの人生に幸運がやってきますように。

CONTENTS

CHAPTER 1

毎日にプラスを増やす

CHAPTER

2 人生は「他人」でできている

CHAPTER

3 動けば運もついてくる

CHAPTER

4 向き合い、認め、前に進む

装丁・本文デザイン／chichols
イラスト／COFFEE BOY
本文組版／株式会社キャップス
校閲／株式会社文字工房燦光
編集協力／平井薫子

CHAPTER

1

毎日にプラスを増やす

よい人生を過ごすためには「前向きに」「ポジティブに」とよく言われます。そんな姿勢でいれば、たしかに運も向いてくるでしょう。ですが、単に「なにも気にしない」とか「よい面だけを見る」というのはちょっと意味が違います。本当のポジティブとはどういうことなのか、どんなふうにそれを言葉にすればいいのか、お伝えします。

つまらないなあ
おもしろい！
GOOD!

つまらないと感じるのは、つまらない人間だから

あなたは、「つまらない」が口ぐせになってしまっていませんか？

そんな人に、運がやってくることはないでしょう。


この世に、つまらないものなんてない。まずはそう考えてみてください。

「つまらない」と思うのは、あなた自身に発想力がなくて、あなた自身がつまらない人になっているからかもしれません。

いわば、自分で自分をつまらない人間にしてしまっているのです。

「つまらない」と思ったのなら、発想を変えて、視点を変えてみることです。

すると、つまらなかったものが「おもしろい」と思えてきて、世界がまったく

違って見えてきます。


日々、おもしろいものを探してみてください。

そして、気になるものを見かけたら、「おもしろい」と口に出して言ってみてください。

そうすることで、周りのあらゆるものがおもしろく感じられるようになります。

「おもしろい」

これこそが、口ぐせにするべき言葉です。

幸せの大きさは、「おもしろい」を言った回数と比例します。


初めて会った人が、冗談を言うのが好きな人や、周囲を楽しませようとする人だったら、そこまでおもしろくなかったとしても、「おもしろい人ですね」「それ、おもしろいですね」と声をかけてみてください。

「おもしろい」と言われて機嫌の悪くなる人はいません。

あなたへの評価も上がるし、またあなたに会いたいと思わせられます。人脈が広がれば、恋のチャンスも仕事のチャンスも広がっていきます。

運気を呼び込むために、「おもしろい」を探すくせを身につけましょう。

「おもしろい」を口ぐせにしてみましょう。

そして、実際に笑うことも忘れないようにしましょう。

それができれば、人生がもっともっとおもしろくなります。

POINT

発想と視点を変えれば、「つまらない」はなくなる。
「おもしろい」と言ったぶんだけ幸せになれます

【愚痴を言いたくなったら】

もうだめだ、
どうしようもない

GOOD!

だったら、
こうしてみよう

愚痴や文句を言うより、解決策を探るべし

幸せな人や成功した人たちの共通点に、「愚痴を言わない」ということがあります。

彼ら彼女らは、決して愚痴を言うのを我慢しているわけではありません。

それらを口にしないように、自らを育てたのです。口にしても仕方がないということを知っているのです。

愚痴や不満、文句は、不運のはじまり。

愚痴を言うと、脳が「自分が言われている」と錯覚して、ストレスとなってどんどん溜まっていくと言われています。

「どうしても言いたくなっちゃうんです」という人も残念ながらいますが、それはその人の努力が足りないから。

本当に日々を真剣に生きていたら、愚痴や不満、文句を言うという発想は生まれないものです。

愚痴を言うくらいなら、かわりに「だったら」を口ぐせにしてみましょう。

「だったら、こっちのほうがいい」
「だったら、いまやりましょう」
「だったら、変えてみましょう」

「だったら」と言ったら、そのあとはアイデアを出さざるを得ません。

いまの自分に満足できない。だったら、どうすればいいのか。
もっと楽しくなりたい。だったら、どうすればいいのか。
恋人がほしい。結婚がしたい。だったら、どうすればいいのか。

そして、周りの人に対してもそんな言葉をかけてみましょう。

「だったら○○するのはどうですか」と言えるようになると、あなたは頼られる人になり、周りには人が集まってきます。

愚痴や不満や文句は、言わない、聞かない、言わせない。

そうすることで人から認めてもらえ、信頼される人になれます。

POINT

愚痴や不満、文句を言わない心がけを。言いたくなったら、「だったら」で解決策を導いて

【うまくいかなかったとき】

いい結果に
ならなかったね

GOOD!

結果的に
これでよかったね

「運が悪い」と感じるときこそ、焦ることなくプラス思考に

占いには、「運が悪い」とされる時期があります。

僕の解釈では、これは「運が少し止まる時期」を指します。

人生、走ってばかりでは疲れてしまいます。ときには立ち止まって、周りを見渡したり、自分を見つめ直したり、自分の持ち物を確認したりする時間が必要です。

「運が悪い」時期は、ただそのための時間というわけ。

車のレースでたとえれば、ピットインです。

ピットインとは、レース中の車が整備や給油などのために一時停止すること。

タイヤを交換したりガソリンを入れたりしないまま走り続けると、速度が落ちたり、燃料が尽きて走れなくなったりしてしまいます。

人生もこれと同じです。

しかし、いざそういう時期になると、「周りは動いているのに自分だけが止まっている」と、つい焦りを感じてしまいます。

さらに、この時期は、**自分の不慣れなことや苦手なことが表面化する時期**でもあります。自分への宿題がどんどん出てくるということです。

動きが止まったうえにやらなくてはいけないことも増えて、余計に焦りが出てくることと思います。ですが、**そこで焦ってもいい結果はついてきません。**

くよくよすることなく、「これが不運の時期なら超ラッキー」「このくらいで済んでよかったな」といった程度に捉えるのがいいでしょう。

芳しくない内容でも、プラスに捉える力が大切だということ。

あまりいい結果が得られなかったときも、「ベストな結果が出せなかったな」ではなく、「結果的にこのくらいでよかったな」という考え方にシフトしてみてください。

ものごとをプラスに捉え、「毎日が楽しくておもしろい」「人生はいいものだ」と思える人にこそ、運は自然と味方します。

POINT

運が悪い時期は、準備期間。焦らず「結果オーライ」の思考にチェンジして

嫌いだな

GOOD!

好きじゃないな

「嫌い」は、壁をつくる恐怖の言葉

「嫌い」

「好きじゃない」

このふたつの言葉、意味することは近いのですが、どちらを使うかで運気が大きく変わってきます。

「嫌い」という言葉のほうが強烈な力を持っています。

「嫌い」は対象を拒否する言葉。口にすることで、あなたの嫌悪感が表面化します。

すると、「嫌い」と言った対象とあなたとの間に、自然と壁ができあがります。

そして、話し相手もそれを感じ取り、わだかまりができてしまうのです。

たとえば、あなたが「○○さんのことが嫌いなんだよね」と言ったら、それを聞いた相手は「この人は○○さんが嫌いなんだ。これからつきあううえで気をつけないと……」と気を使うようになってしまいます。

あなたはなにげなく「嫌い」と言ったつもりでも、相手には恐怖の言葉として強く印象に残り、怯えさせてしまうのです。

「嫌い」のかわりに使えるのが、「好きじゃない」です。

たとえば、あなたが、嫌いなものに出会ったとします。そのとき、つい「嫌いだな」と言ってしまいそうになりますが、そこで「好きじゃないな」と言ってみてください。

それによって、「好きではないけれど、嫌いでもないのかもしれない」と思えるようになります。そして、「嫌い」という概念そのものが薄れていきます。

「好きじゃないけど、嫌いでもないかも」と思えたら、「嫌いじゃないなら大丈夫かもしれないな」と思えるようになってくるでしょう。

人を否定すること、壁をつくってしまうことは、運を遠ざけてしまいます。

しかし、考え方をちょっと変えることでスイッチできるのです。

「嫌い」を「好きじゃない」に変えるだけで人間関係は改善し、運もやってくるようになりますよ。

POINT

「嫌い」は思ったよりも強く伝わるもの。「好きじゃない」と考えれば「嫌い」の概念が消える

【仕事を任されたとき】

面倒ばかり回ってくるな

GOOD!

期待されているんだ

仕事を任されるのは、期待されている証

「面倒な仕事を押しつけられた」
「雑用ばかりで嫌になる」
仕事をしていて、そのような不平不満を言っていませんか？

どんな仕事にせよ、**任されているのは人に求められている証拠。**それは、歓迎すべき状況なのです。

だから、「自分のところにばかり面倒な仕事が回ってくる」と苦しむのではなく、「自分は頼られているんだ」、「自分は選ばれた人なんだ」、「自分は求められる人なんだ」と考えてみてください。

事実、その通りなのですから。

そんな大切なことに、残念ながら多くの人は仕事を失うまで気がつきません。

それに、雑用だって大切な仕事です。

基礎的な雑用から逃げるような人には、誰だって大きな仕事を任せたいとは思わないでしょう。そういう人は結局、雑用すら満足にできないまま、一生を終えることになります。

そもそも、雑に取り組むから雑用になるのであって、真剣に取り組んだら、それはもう本業なのです。

自分にどんな仕事ができるかよりも、どうやったらいろいろなことを任せられる人になれるか、頼りになる人になれるか、気楽に仕事を頼める人になれるかを考えましょう。

求められる人には、求められるだけの理由があります。

求められるようになるために、努力を積み重ねましょう。

いまできることに、最善を尽くして取り組みましょう。

そして、求められたら、できるだけそれに応えることです。自分を頼ってくれたことに感謝して、期待に応えられるよう、また最善を尽くしましょう。

前向きに捉える姿勢が、人を成長させる

こんな話があります。

ある会社に、Aさんという人がいました。Aさんは、周りからあらゆる仕事を任せられていました。なかには、「こういう仕事はあいつに任せておけばいい」と、面倒な仕事ばかりを押しつける人もいました。しかしAさんは、どんなに困

難で面倒な仕事も必死にこなしたといいます。

しばらくたつと、Ａさんがその会社のエースとして大活躍しているではありませんか。そして、Ａさんに面倒な仕事ばかりを押しつけていた人たちは、いつのまにか忘れ去られるような存在になっていたのです。

Ａさんは、面倒な仕事を押しつけられたとき、「自分が期待されているから仕事が増えているんだ」と前向きに捉えていました。そして、その大変さをどうにか乗り越えようと試行錯誤を繰り返したのです。

その姿を、周りの人たちもちゃんと見ていました。そして、なにかあったときには手助けしてあげていたそうです。

そもそも、Ａさんは人柄がとてもよかったのです。性格や生き方が前向きで、品格もある。誰にでも優しくて、機転が利く。そんなＡさんだから、周りも手を貸そうと思ったのでしょう。

課題を前向きにクリアしていく姿勢は、必ず人を成長させます。

「強くなろう」「自分を成長させよう」とするから、どんどん力がついていきます。

たくさんの人に会って、たくさんの人と話して、Aさんのようにどんな状況も前向きに捉えることができたら、人は成長でき、もっと強くなります。

マイナスなことと受け取ったり、悪い方向に考えたりせず、どんなこともプラスに考えるくせをつけてみましょう。

POINT

仕事が回ってくるのは、あなたが期待されているから。ネガティブに捉えず、期待に応えるよう最善の努力を

【嫌なことをしてしまったら】

人間だからしょうがない

GOOD!

今度こそ気をつけよう

人間だからこそ、反省も改善もできる

人を妬んだり、人に悪口を言ったり、不満を言ったり、嫌なことをしたり。

普段からそういうことをする人は、自ら不運を招いています。


さらによくないのは、自分のしたそれらのことに対して「人間だからしょうがない」「人間だからそうしちゃうこともあるよね」などと言うこと。

これを「ポジティブな考え方」と間違って捉えている人が多いのですが、単なる言い訳であり、とても残念なことです。

「人間だから」と言い訳をするけれど、それは「あなただけ」です。人間みんながそうではありません。

そもそも、嫌なことは「人間だからしてしまってもしょうがない」のではなく、「人間だからしないようにする」のが、本来の人間のあるべき姿です。

自分がされて嫌なことは相手にもしない。自分がされて嬉しいことは相手にもする。あたりまえのことですよね。

もちろん、人間はミスをする生き物です。

しかし、それを「人間だから」で片づけてしまってよいのでしょうか？ **改善しようとする姿勢があるほうが、ずっと人間らしいですよね**。

嫌なことをしてしまったあとに、「またやってしまった。今度こそ気をつけよう」と考えるのと、「人間だからしょうがない」と考えて思考停止してしまうのとでは、どちらが人として伸びていくと思いますか？　答えは歴然です。

言葉や行動に出す前に、「これは相手や自分にとって嫌なことではないか」と考える。

もし自分が嫌なことをしてしまったら、反省して、改善する。それでじゅうぶんなのです。

決して、「人間だから」だけで終わらせないでください。

POINT

「人間だからしょうがない」と考えるのではなく、つねに改善しようとする姿勢が大切

【苦労することが起きたら】

こんな苦労はしたくない

GOOD!

この苦労は必要なものだ

苦労を「不運」や「不幸」と捉えない

いま、苦労することを避けようとする人が多いです。

しかしそれは大きな間違いで、**苦労は必要だからやってくる**ものなのです。子どもの頃、掛け算の九九を苦労して覚えたのは、生きていくために必要なものだからですよね。あのときの苦労を避けていたら、どうでしょうか。もし、いま九九ができなければ、あなたはどうなっていたでしょうか。

どんな人にも、多かれ少なかれ苦労や困難はやってきます。それらが目の前に現れたら、まずは「いまの自分に必要なものだから」と受け止めることが必要です。

苦労が嫌だと思って避け続けていると、はじめはたいしたものでもなかったはずが、そのうちにどんどん大きくなっていきます。そして、乗り越えるのがさらに難しい苦労となって、あなたのもとへ返ってきます。

最初に苦労だと感じた瞬間こそ、乗り越えるべきときなのです。

肝心なのは、苦労することを、不運や不幸と捉えないこと。

いちばん強いのは、苦労を楽しんでしまえる人です。

そういう人は、苦労を苦労のままで終わらせません。苦労を前向きに捉えて、「こんな苦労なんてへっちゃら」と言える強い気持ちを持って、どんどん乗り越えていきます。乗り越えることを楽しめるのです。

それを続けているうちに人としてのレベルが上がっていき、最終的にとんでもない力を身につけてしまいます。

成長したいなら、苦労から逃げないでください。

苦労を楽しみつつ、苦労と闘ってみてください。
そうすれば、あなたの人としてのレベルがどんどん上がっていくことでしょう。

POINT

苦労を楽しんでみたら人生は楽しい。
乗り越えることを楽しんでみましょう

【失敗したとき①】

あ〜あ、ヘコんじゃうな

GOOD!

どうしてこうなったか
考えよう

正しい反省が、己の成長を促す

あなたはなにかに失敗したとき、しっかり反省できているでしょうか。

ただヘコんだり、くよくよしたりして終わっていませんか。

それだけだと、反省とは言えません。


反省とは、自分の失敗を振り返ってその原因を探り、同じ過ちを繰り返さないために、次はなにに気をつけてどう行動すべきかを考えること。

きちんと反省できていれば、失敗の記憶は自分のなかに残ります。

反省をしていない人は、自分がやったこと自体を忘れてしまうから、また同じ過ちを繰り返すのです。

失敗こそ、忘れてはいけません。

逆に、人から感謝されたり、ほめられたりしたことはどんどん忘れていって構わないでしょう。

いくらヘコんでくよくよしても、反省していなければ意味がありません。それこそ、時間の無駄。

反省は成長につながりますが、**ただヘコむことに成長への望みはありません。**

反省しなければ、あなたは周りから「学ぼうとしない人」「成長しようとしない人」「言われるまでなにもしない人」とみなされてしまいます。

そして信頼は失われ、あなたの評価はどんどん落ち続けてしまうでしょう。

くよくよするのはよくありませんが、「悔しい」という気持ちは、いい方向に働く場合があります。**強い後悔は、次に進むための強い起爆剤となりうる**のです。

要は、その気持ちから学べるかどうか。

くよくよしたり、人のせいにしたり、いつも同じことを繰り返している人は、なにをしてもうまくいきません。

つらくても、自分の失敗と向き合いましょう。失敗によって人に迷惑をかけてしまった人は、それが恥ずかしいことだと心に刻むようにしてください。

そして、きちんと反省した姿を人に見せて、少しずつでもいいから成長していく姿を見せていきましょう。

自分自身が成長するためにも、信頼を得るためにも、反省は大切なことなのです。

POINT

人は失敗からいちばん学べるもの。反省が同じ過ちを防ぎ、信頼につながる

【失敗したとき②】

自分はなにも悪いこと
してないんで

GOOD!

よし、次はこうしてみよう

言い訳をする人にいい未来はない

なにか失敗したり不都合なことがあったりすると、すぐに言い訳をする人がいます。自分の不手際を弁明しようと、それらしい理由を並べ立てる人……。

言い訳をしたくなる気持ちはわかります。でも、自分だけを守ろうとする言い訳ほどみっともないものはない、と僕は思うのです。

言い訳をして得することはなにもありません。言い訳をしている人には、明るい未来も幸運もやってこないでしょう。

うまくいかなかった原因を解明するのも大切ですが、問題はその先、「ではどうすればよかったのか？」「その原因が解決したら、できるようになるのか？」

ということではないでしょうか。

言い訳をする人は、できない自分を認めず、できるようになろうともしないもの。そして、もっともらしい理由や原因を探して、それらのせいにしようとしているだけ。言い訳できなくなったら、できない自分を認めなくてはなりませんから。


言い訳をしないように気をつけましょう。

思わず口から言い訳が出てしまったら、それは自分に問題があって、自分が変わらなくてはならないときだと思ってください。自分の考え方、自分のやり方、自分の見方を見直すときだと思ってください。

そんな姿にはきっと誰も憧れないし、魅力的にも感じないでしょう。できない理由を言っても、ただ格好悪いだけ。


また、なにか問題が起きたときに、「自分は悪くない！」と言う人も同じです。

そういう人は、必ず悪いことをしています。「悪いことはなにもしていない」

のではなく、「なにもしていないという悪いこと」をしているのです。「なにもしていない」ことこそが問題なのです。そこに気づけないと、本当の原因がわからず「自分は悪くない」と思い込んだまま、態度を改めることは一生できません。

自分ができていないことを認めて、なにかをしてみること。
言い訳を探す前に、やれることをやりましょう。
自分を疑うこと、できない自分を認めることが、成長への第一歩です。

POINT

自分を守るプライドはいらない。できない自分を認めれば、言い訳は出てこない

人生は掛け算でしょ。
楽して一気に手に入れよう

GOOD!

人生は足し算だ。コツコツ
努力して手に入れよう

地道な努力こそが実を結ぶ

人生は足し算だ、と僕は思うのです。

人には誰にでも、ひとつくらいは才能や向いていること、極められることがあります。それを見つけて磨いていくことで、特徴や個性が出ます。さらに努力を続けていけば、やがて周りから認められるようになります。

そこでやっと、「1」を得ることができるのです。

その後、またほかのことをはじめます。磨いて、努力して、また違う「1」を手に入れます。そうしてやっと「2」になります。

コツコツと努力をして「1」を得たら、また別の努力をして「1」を足す。

この地道な足し算こそが、人生なのです。

社会では、これを繰り返した人たちが協力し合うから、大きな数になって、大きな力になります。

一方で、いきなり掛け算をしようとする人が多くいます。

掛け算はとても怖いものです。

運よく、爆発的にたくさんのものが手に入ることもあります。10倍、20倍になることもあります。しかし、「0」を掛けてしまったらおしまいです。**それまでに手に入れた「1」や「2」も「0」になってしまうかもしれません。**

「楽をして多くのものを得たい」と考える人は、そのような危険な挑戦をしてしまうものです。

なかには、自分が「0」であることに気づかず、危険を冒してしまう人もいます。

自分がなにもので、自分になにができるかを理解できて初めて「1」になるのに、それを知らず「自分はなんでもできる」と勘違いした人は、そのことに永遠に気づくことができないでしょう。

足し算には地道な努力が必要ですが、いちど「1」を手に入れたら、「2」、「3」と増やしていくのはそこまで難しいことではありません。それは、**「1」を手に入れるための忍耐や努力が身についているから。**掛け算では、そうはいきません。

人生は、足し算で考えましょう。**足し算なら、永遠に「0」にはなりません。**ただ増えていくのみです。日々、「1」を大切にして、地道な努力を重ねていきましょう。それがあなたの本当の力になります。

POINT

人生を掛け算で考えるのは危険。本当に力をつけたいなら、足し算で考えましょう

ひと息コラム

お金が集まる言葉、逃げていく言葉

僕は以前、お笑い芸人でした。売れない若手時代は本当に貧乏で、手元の全財産が68円しかなかったこともあります。

そんなとき、ある人からこんなことを教わりました。

「お金は、『お金がある』と言うと自然と集まってくる」

僕はそれを聞いて、どんなに貧乏でも「お金がない」とは言わず、つねに「お金がある」と言うようにしました。

いまとなっては、本当にお金に困ることはなくなりました。

これは、本書の「はじめに」でお伝えした「わたしは運がいい」を口ぐせにすることの大切さに似た話です。

「お金がない」とばかり言っている人は遊びや食事に誘いづらく、「あの人に声をかけるのはやめよう」となって、人づきあいがどんどん疎遠になっていきます。

そうすると、新たな人や情報との出会いもなくなり、仕事やお金につながる出来事も起こらないでしょう。

世の中には悪いことを考える人もいるので、なにも「お金がある！」とひけらかす必要はありません。

ただ、「お金がない」は人間関係もお金もシャットアウトする危険な言葉なのだと、覚えておいてください。

CHAPTER

2

人生は「他人」でできている

「自分らしさ」という言葉がもてはやされる時代。ですが、「自分」とはそんなに絶対的なものでしょうか？　あなたはいつだって周囲に助けられて、協力し合って生きているはず。自分をつくってくれるのは、いつも「他人」なのです。周りの人を尊敬し、大切にし、いつも感謝する、そんな言葉を発しましょう。きっとその人たちが、あなたに運を運んできてくれます。

わたしは人見知りだから

GOOD!

おもしろい人だな

「人見知りだから人づきあいが苦手」と言っても得はない

「わたしは人見知りだから」

人間関係に悩む人たちは、よくそんなふうに言います。

「人見知りだから、人と話すのが苦手なんです」

「人見知りだから、初対面の人と話せないんです」

それは、単なる言い訳に過ぎません。

人は、みんな人見知りです。あなたが初対面なら、相手も初対面。条件は同じです。

大切なのは、**自分が人見知りならどうするべきかを考えること。**

自分の欠点や弱点をふまえて、どうすればそんな自分が変われて、どうすれば自分で自分を楽しませられるのかを考え、行動すること。

最初は勇気がいるかもしれません。ですが、もう子どもではないのです。勇気を出して一歩踏み込んでみましょう。人生を楽しめる人とはそういう人です。


どうすればいいかわからなくなったら、「自分ならどうしてもらえたら嬉しいか」を考えてみてください。

人から笑顔で話しかけられて嬉しいのなら、自分でもそうしてみる。

人に話を聞いてもらえると嬉しいのなら、まずは自分が聞き役になる。

人とおもしろい話をするのが好きなら、まずは相手の話を聞いて笑ってみる。


自分が楽しむためには、自分から先に行動することです。

「楽しい」を人任せにしてはいけません。

相手と過ごす時間を「楽しい」「楽しくない」とすぐ判断したり、相手のことを「おもしろい」「おもしろくない」と一方的に判断したりする人は、すべてを相手任せにしている人。それでは、人生は楽しくなりません。

自分ばかりを大事にしているうちは、誰とも心を通わせることはできないでしょう。

誰かに楽しませてもらおうと思うのではなく、自分から相手を楽しませられる人になりましょう。

そうすれば、きっと相手はあなたに心を開いてくれ、結果的に自分自身も楽しむことができます。人間関係もどんどん広がっていくはずです。

楽しむことをサボらないように

人を楽しませるために大切なのは、相手に興味を持つこと。

相手はどんな人で、どんな考えを持っていて、これまでどんな人生を歩んできたのか。

そういったことに尊敬の気持ちを持って関心を寄せてみると、どんな人もおもしろく思えてきます。

人はみな、考え方も生き方もまったく違います。それぞれがそれぞれの人生を歩んでいるのですから、**つまらない人というのはこの世にひとりもいない**のです。

人との出会いを重ねていくうちに、そのことがわかってきます。

人に会うことには、いいことしかありません。

会えば会うほどその人のことを知ることができるし、話しやすくなるし、ほどよい距離感や間合いがわかるようになるし、話のネタも増えます。

テレビや本やネットからではなく、人と実際に接して話したことからでしか学べないことがあります。

また、その人からしか学べないこともあります。会って話してみると、「この人には、これを学ぶために出会ったんだな」と思えるはずです。

人との出会いが、自分の世界を広げてくれます。面倒だから、苦手だからとサボらず、挑戦してみてください。

人と話すことのおもしろさに気がつくと、「人生はこれほどおもしろいのか」と思えてきます。

そうなれば、あなたの周りにはどんどん人が集まってくるでしょう。出会いが増え、恋でも仕事でも、チャンスが次々と舞い込んでくるようになります。

POINT

自分から相手を楽しませる努力をしましょう。まずは相手に興味を持つことからスタートして

自分らしさを出していこう

GOOD!

周りとうまくやっていこう

他人がいて初めて自分の個性が生きる

自分らしく生きることが大事、とよく言われます。
もちろん、個性を出すこと自体はいいことです。
しかし、やり方によっては自分で自分を苦しめてしまうことになります。

「自分らしく生きているのにつらい」という人を、僕はたくさん見てきました。
そういう人は大抵、周りとうまくやっていこうとするより、自分の個性を出すことを優先してしまっています。

肝心なのは、優先順位です。

他人がいての自分、というのが大前提。他人がいるから、自分がいます。たくさんの人に支えられて生きているということを、決して忘れないようにしてください。

そのことを忘れて、「個性だ」「自分らしさだ」と自己主張してばかりいる人を、周りは求めるでしょうか？　必要とするでしょうか？　ほめるでしょうか？

結果、そういう人は周りから排除され、孤立してしまいます。そうなれば、生きる意味もなくなってしまうかもしれません。

大事なのは、**自分の個性の出し方よりも、周囲に合わせられる自分のつくり方**。

周囲に合わせられるような自分をつくるほうが、生きていくうえでは大きな力になります。

周囲に合わせられるようになって初めて、自分の個性を出すことを考えればいいのです。

そうすれば、人と違う発想を共有したり斬新なアイデアを出したりと、自分らしさを出すこともスムーズになります。

つまりは、**生きるのは自分だけのためではない**ということ。

周りの人に支えられているし、実は自分も周りの人たちを支えているのです。

「他人がいての自分」と考えることで、あなた自身の生き方も居心地のいいものになっていきます。

POINT

**あなたはたくさんの人に支えられて生きている。

あなたもたくさんの人を支えている**

この人、嫌な人だな

GOOD!

この人、変な人だな

嫌なことには反応せず、受け流す

威圧的な人、偉そうな人、モラハラをする人、面倒な人……。

あなたの周りにも、そんな厄介な人がいるかもしれません。

つい「嫌な人だな」「この人のことが苦手だな」と思ってしまいますが、それではただ感情が揺さぶられるのみ。あなたが損をするだけです。

いちいち反応せず、「変な人だな」くらいに捉えるのがいいと思います。

相手から、自分の求めたことが完璧に返ってくると思ってはいけません。

人は、いつも絶好調で、ご機嫌に生きているわけではありません。前日の疲れが残っていたり、ほかの人には言えない嫌なことや悲しいことがあったりと、いろいろな事情があります。調子のいいときもあれば悪いときもあります。
そんな人には、「なんだこいつは！」と腹を立てるのではなく、「この人にもなにか事情があるのかもしれないな」と考えてみてください。優しさや思いやりを持って、視点を変えて考えることで、あなた自身が成長できます。

そのうえで、「変な人がいるもんだな」と受け流してみてください。

嫌に思う気持ちは、心に残り続けます。ネガティブな感情をネガティブなままくすぶらせていては、前に進むことはできません。

それよりも流すことを覚えたほうが、ずっと楽しく生きられるようになります。

先にお伝えした通り、誰もがつねに絶好調ではないのです。**あなたも、ときには〝変な人〟になっているかもしれないのです。**

「わたしもあの人も変な人」

「世の中、変な人だらけ」

「〝変〟を楽しもう」

心のなかでクスッと笑ってそう考えるだけで、人間関係は驚くほどうまくいくようになります。

そして、人生はいい方向へ大きく変わっていくでしょう。

POINT

「嫌な人」にも事情がある。
反応せずに受け流せば、人間関係はうまくいく

【厄介な人との接し方②】

嫌いな人とは
距離をおこう

GOOD!

嫌いな人ほど
もっと知ってみよう

嫌いなのではなく、ただ知らないだけ

嫌だなと思う人への対処法として、もうひとつできることがあります。

それは、**自分と似ているところを探すこと**。


「苦手な人や嫌いな人ほど、自分とどこか似ているもの」

僕が中学生のとき、数学の先生から聞いた言葉です。

「僕が嫌いなあいつは、僕と似ているのか……」

そう思い、それからは嫌いな人ほど自分と似ているのだと考えるようにし、嫌いな人を観察するようにしてみました。すると、いつのまにか他人を嫌わなくなっている自分がいたんです。

そこで気づきました。僕はその人を嫌いだったのではなく、その人をただ知らないだけだったんだと。


「この人苦手だな」と思ったときこそ、その人を知ろうとしてみてください。

飲み会や食事会があったら、嫌いな人の隣に座って話を聞いてみてください。

最初のうちは気まずい雰囲気になるかもしれませんが、話をしているうちに相手のことがわかってきて、「案外いい人だな」と思えてくるものです。

人は、会話をしているとどうしても自分と相手の共通点を探します。

笑いのツボを探したり共通の話題を振ったりして、必然的にコミュニケーションを取ろうとします。

そうやって相手との壁をなくし、相手を知ることで、嫌いだった気持ちが薄れていきます。

自分のことを知ってもらう努力をしよう

また、人を嫌いになる理由のひとつとして、「相手が自分のことを理解してくれないから」というものがあります。

そういう人の多くは、「相手が自分を理解している」と思い込んでしまっています。そして、いざ伝わっているつもりだったことが伝わっていないと、期待を裏切られた気持ちになって、相手に嫌悪感を持ってしまうのです。

これは、家族や身内、仲のいい友人にもよくあること。

「自分のことを理解しない相手が悪い」というのは甘えなのです。

友人でも家族でも身内でも、他人は他人。口に出して言わないとわからないのは、あたりまえのこと。

逆に、あなたが「相手のすべてを理解しているのか？」と聞かれたら、どうでしょうか。そんなことは不可能だと思うのが普通ですよね。

しかしこれは、相手に自分を知ってもらうことで改善できます。そのためにも、相手を知って、自分を知ってもらうこと。それが「嫌いだ」と思う気持ちをなくしてくれます。

やはり必要なのは〝会話〟です。


他人を嫌いになったら、まず、「自分と似ているところがあるかもしれない」と考え、観察する。

他人を嫌いになったら、「自分がこの人を知らないだけかもしれない」と思って近づいてみる。

他人を嫌いになったら、「相手が自分のことを理解して当然だ」という甘えをなくす。

他人を嫌いになったら、とにかく相手と話してみる。

これが〝嫌い〟をなくす方法です。

人は、自分のことを少しでも気に入ってくれている人、好きでいてくれる人を好きになるもの。だから、あなたが相手のことを少しでも好きになれば、相手もあなたのことを好きになってくれるはずです。

嫌ってばかりいて、相手のいい部分を見逃さないようにしてください。

POINT

知る努力、知ってもらう努力をすれば、嫌いだった相手のことも好きになれます

【価値観の違いを感じたら】

意味がわからない

GOOD!

その発想はなかった！

相手を理解できないのは自分が悪い

「あなたの言っていることの意味がわからない」

そんな言葉を、最近よく耳にします。

これは、相手を理解しようとする努力を怠っている人が口にする言葉です。


こういうときは大抵、**相手ではなく、理解できない自分に問題があるもの。**

意味がわからないのなら、それを口に出す前に、まず自分が「相手の言うことを理解できていない」という事実を受け止めなければいけません。そして、なぜ理解できないのかを考えることが必要です。

もちろん、理解できたとしても、そこから納得するまでにはさらに時間がかかるかもしれませんし、納得してからやっと動き出せるという人もいるでしょう。それさえわかっていれば、たとえすぐに動き出せなかったとしても、「意味がわからない」という言葉は出てこないものです。

そんな言葉を発してしまうのは、自分が理解できないのを相手のせいにしているから。自分の考えと違うからといって、他人を責めてもなにも変わりません。そんな姿勢を持つ人に、運は決して味方しません。

理解できることより、理解しようとする姿勢が大切ということです。

価値観が合わないのはあたりまえ

「価値観が合わなくて嫌」という意見もよく聞きますが、これについても同様です。

自分が相手の価値観を理解できないのを相手のせいにして、相手を遠ざけているだけ。

人間、価値観が合わないのは当然のことですよね。

本来なら、**価値観が合わないからこそおもしろいし、価値観が合わないからこそ尊敬できるもの**なのではないでしょうか。

自分と同じ感性がそこらじゅうにあって、それがそのまま世の中をつくっていたら、なにもおもしろくはないですよね。

違う発想、違う考え、違う表現があるからこそ、世の中はおもしろくて楽しい。価値観の違いがあるから「すごい」と思えるのです。

それなのに、価値観が合わないから嫌いになるというのは、身勝手な判断であると言えます。

「意味がわからない」も「価値観が合わない」も、相手を下に見ているからこそ出てくる言葉です。

「相手の言っていることがよくわからない」

「この人と自分では価値観が違うな」

そう思ったときに、同時に「自分には思いつかない」「その発想はなかったな」という気持ちがあれば、それは「尊敬」になります。

しかし、そこに「自分のほうが偉い」という勘違いの気持ちがあれば、相手を見下して馬鹿にしていることになるでしょう。

「理解できない」という気持ちを、尊敬の気持ちに変えるか軽視する気持ちに変えるかは、あなた次第というわけです。

「意味がわからない」

「理解できない」

「価値観が合わない」

相手のそう思える部分こそ尊敬すべきところだと、考え方をシフトしましょう。

いろいろな人がいろいろな価値観で生きて、そのどれもが尊敬に値する。

そんなふうに思うことができて、すべての人を尊敬できるようになれば、この世界はおもしろく楽しくなって、あなたの運気はどんどん上がっていきます。

POINT

いろいろな価値観があるって楽しい。自分の理解を超えた相手の発想は、尊敬に値するもの

【意見がぶつかったら】

相手は絶対に
間違っている

GOOD!

相手の言うことも
もっともだ

相手の立場になって考えるとものごとの見え方が変わる

相手を理解しようとする姿勢が大切だと、先ほどお話ししました。

本当に相手を理解したいと思ったら、**相手の立場になって考えてみること**です。

お伝えしたように、人間、それぞれの価値観を持っているもの。

それぞれの生き方や考え方に、多少の違いがあるのはあたりまえです。それなのに、「自分が絶対に正しい」「絶対に相手が間違っている」と、どうして言うことができるでしょうか。

なぜ自分と相手に違いがあるのか。相手をよく見て、話して、考えてみましょう。**相手を否定するのではなく、相手の懐に入っていって、対話を重ねてみまし**

ょう。そして、相手ならどう考えるかを想像してみましょう。

あなたが自分を正しいと思っているのと同様に、相手も自分を正しいと思っています。どちらが正しいか間違っているかは問題ではなく、歩み寄ることで理解が深まるのです。

相手の立場になってみて初めて、わかることがあります。

相手の立場になってみて初めて、「それも無理のないことだな」「相手の言うこともっともだ」と思えるようになります。


相手の立場になって考えるには、相手の心を想像してみることです。

「この人はいまなにを考えているのだろう?」

そう考えるくせをつけてください。そして、その人を観察してください。

これを習慣にすると、相手の心や動きがだんだんと読めるようになります。

「あの人ならこんなことを言うだろうな」

「あの人ならこんな態度をとるだろう」

ということが予測できるようになります。

相手の心や動きが読めるようになれば、それはもうあなたの相手への理解が深まっている証拠です。

そうなれば人間関係はぐっとうまくいくようになり、人生がいい方向に回り出します。

POINT

相手の立場になって考えることで理解が深まる。そのために、人の心を想像するくせをつけましょう

【厳しいことを言われたら】

説教してきて
うっとうしいな

GOOD!

はっきり言ってくれて
ありがたいな

厳しくしてくれるのが本当の優しさ

あなたの周りに、厳しい言葉をかけてくれる人はいますか？

心当たりがあるならば、それはとても幸せなことです。

厳しいことをはっきり言ってくれる人は、本当はすごく優しい人なのです。

問題は、あなたがそれをしっかり受け止めているかどうか。

厳しいことを言われて「説教してきてうっとうしいな」「耳障りだ」「ひどいことを言われて傷ついた」と感じてしまう人は、注意が必要です。

相手は、ただ感情的になって厳しい言葉を発しているわけではありません。ほかでもないあなたのために言っているのです。

それが理解できずにただ「うっとうしい」と思う人は、なにをしても成長できず、成功もできないでしょう。魅力ある人にはなれず、周りからどんどん見放されてしまいます。運だって味方してくれません。


相手のはっきりした物言いに「傷ついた」と感じる人もいます。

そういう場合は、相手の言い方よりも、受け止め方のほうがよくないことが多いです。

相手は、周囲の人がなかなか言えなかったことを、その優しさからズバッと言ってくれたのです。あなたは傷ついたのではなく、図星を突かれてドキッとしただけ。傷ついたのはプライドなのです。

憎まれ役を買って出てくれた相手の親切心を、むげにしないでください。

「ひどい」「傷ついた」と思う前に、その人の言葉の意味を考え、同じことを言われないようにするために自分はどうしたらいいのか、考えてみましょう。

都合のいいことばかりを聞いて、都合の悪いことを無視して生きているようでは、人生がうまくいくわけはありませんよね。


厳しいことを言ってくれる人に、自分からもっと近づきましょう。

厳しいことを言ってくれる人に、定期的に会いにいきましょう。

厳しい言葉を思い出して、自分にできることを一生懸命やりましょう。

特に、その世界で長きにわたって活躍している人や、評価を受けてきた人の言葉は、すべて受け入れて実践するくらいのつもりでいるといいでしょう。


厳しいことを言ってくれるという優しさに、もっと敏感になってください。

「厳しい」という「優しさ」を知らないでいると、まったく成長しないまま人生を終えてしまいます。

他人の優しさを感じ取ったら、それに感謝し、あとは自分にできることを精一杯やっていくのみです。

なにも言ってくれないのは危険な優しさ

一方で、なにも言ってくれない人もいます。

実はそれも、優しさのひとつ。あなたに正すべきところがあっても、なにも言わず、ぐっと我慢して、態度にも出さず、ただ見守るという優しさです。

ただしこれは危険な優しさであって、決して甘えてはいけません。なにも言われないから「自分はこのままでいい」、なにも言われないから「自分は正しい」と思ったら、それは大間違いです。

なにも言ってくれないのは、相手が「なにか言ってあげたい」と思えるような生き方をしていないから。

それに気づかないと、言葉をかけてくれる人があなたの周りからどんどんいなくなっていきます。そして、あなたはさらに成長できない人になってしまいます。

つねに、相手が注意しやすいように生きる。厳しいことを言いやすいように生きる。「この人にはなにか言ってあげたいな」と思われるように生きる。手助けしやすいように生きる。

そんな生き方を心がけてみてください。そうすれば運はあなたに味方し、成功する人になれます。

POINT

人が厳しい言葉をかけたくなるような生き方を。そして、優しさに敏感になりましょう

【なにかを依頼されたら】

わたしなんて
まだまだですから

GOOD!

ぜひやらせてください

自分を低く見積もる人はチャンスを逃す

人からなにかを依頼されたり任されたりしたときに、「わたしなんて」と遠慮してしまう人がいます。それは一見、謙虚な姿勢に思えるかもしれません。しかし、実はせっかくのチャンスを無駄にしてしまっているのです。

謙虚さとは〝心〟であり、自分のなかに持ち続けていればよいもの。**謙虚な態度と謙虚な行動はほどほどに**しなければいけません。

そういった態度や行動の原因は、面倒や責任から逃げたいと臆病風に吹かれているだけ、ということも往々にしてあります。

「わたしなんて」と思う人は、自分の才能に気づいていないのかもしれません。

才能とは、自分よりも他人が見つけることのほうが多いのです。**人があなたに声をかけたのは、あなたを評価しているから。**あなたには、あなた自身が気づいていない才能や魅力があるはずです。

「あなたはこんな人」「あなたにはこれができる」と言われたら、**素直に受け入れて、チャレンジしてみましょう。**案外うまくいくものです。

もちろん、結果が伴わない場合もあります。苦労も挫折もするでしょう。

それらはすべて経験になります。いろいろなことが積み重なって、また新たな才能が開花するのです。

人生において、人に評価してもらえるタイミングはそうたくさんはありません。

しかし、日々真面目に頑張った人や、人のためになにかをやってきた人には、必ずチャンスが訪れます。

あなたの背中を押してくれる人、あなたの能力や魅力を活かそうとしてくれる

郵便はがき

おそれいりますが
切手を
お貼りください。

1028641

東京都千代田区平河町2-16-1
平河町森タワー13階

プレジデント社

書籍編集部 行

フリガナ		生年（西暦）年	
氏　名		男・女	歳
住　所	〒 TEL　（　　）		
メールアドレス			
職業または学校名			

ご記入いただいた個人情報につきましては、アンケート集計、事務連絡や弊社サービスに関するお知らせに利用させていただきます。法令に基づく場合を除き、ご本人の同意を得ることなく他に利用または提供することはありません。個人情報の開示・訂正・削除等についてはお客様相談窓口までお問い合わせください。以上にご同意の上、ご送付ください。
＜お客様相談窓口＞経営企画本部 TEL03-3237-3731
株式会社プレジデント社　個人情報保護管理者　経営企画本部長

この度はご購読ありがとうございます。アンケートにご協力ください。

本のタイトル

●ご購入のきっかけは何ですか?(○をお付けください。複数回答可)

1 タイトル　2 著者　3 内容・テーマ　4 帯のコピー
5 デザイン　6 人の勧め　7 インターネット
8 新聞・雑誌の広告（紙・誌名　　　　　　　　　）
9 新聞・雑誌の書評や記事（紙・誌名　　　　　　　）
10 その他(　　　　　　　　　　　　　　　　　　)

●本書を購入した書店をお教えください。

書店名／　　　　　　　　　　（所在地　　　　　　）

●本書のご感想やご意見をお聞かせください。

●最近面白かった本、あるいは座右の一冊があればお教えください。

●今後お読みになりたいテーマや著者など、自由にお書きください。

どうもありがとうございました。

人、あなたの価値をもっと高めてくれる人がきっと現れます。

自分の才能を評価して、船を用意してくれる人が現れたのなら、その人を信じて、勇気を出して船に乗ってみましょう。

そして、その人が評価してくれた自分自身のことも信じてあげましょう。

自分を高く見積もる必要はないけれど、自分を低く見積もる必要もありません。

自分のことも相手のことも信じれば、その信じる力で前に進めるはずです。

人生の「タイミング」は他人次第

チャンスをつかむということで言うと、「自分のタイミングが大事」と考える人は要注意。そういう人は、いままでもチャンスを逃していたかもしれません。

大事なのは、自分ではなく、他人のタイミング。

あなたの才能を評価するのは他人で、チャンスや運を持ってくるのも他人。他人がいるからこそ、あなたが成り立つのです。

そんななかで「自分のタイミングで」などと言っていると、いざやってきたチャンスがピンチに思えてしまうことも。そうなると、チャンスをつかむのはどんどん難しくなります。

自分から「ここでお願いします」と決め込むのではなく、他人から「はい、ここで！」と言われたときに結果を出す人が、チャンスをつかめる人なのです。

人にチャンスを運んでもらうには、日頃のコミュニケーションが大切です。普段から人とコミュニケーションをとって信頼を得ていれば、おのずと相手はチャンスを用意してくれます。

それも、ちょうどいいタイミングで。

「わたしにはまだ早い」「わたしになんて、できっこない」などと思っていても、**相手は案外、「少しくらい失敗してもいいよ」という気持ちで期待してくれているもの**です。

その流れに逆らわず、「ぜひやらせてください」と素直に飛び込んでみましょう。

それができる人が、チャンスを、そして大きな幸せをつかめる人なのです。

POINT

自分を低く見積もらないこと。
自分からではなく、他人からの流れを大切に

【素敵な人と出会ったら】

あの人は素敵だな。
それに比べて自分は……

GOOD!

あの人は素敵だな。
いいところを真似しよう

人と自分を比べるのは不幸のはじまり

あなたの周りにも、思わず憧れてしまうような素敵な人がいるでしょう。

その人を見て、「羨ましい」「自分もああなりたい」と思うかもしれません。

気をつけたいのは、その人と自分を比較しないことです。


人は人、自分は自分です。**あなたとほかの人は違ってあたりまえ**なのです。

それにもかかわらず、他人と自分を比べて、勝手に自分の不幸や不運をつくり上げてしまう人がいます。

「あの人はいいものを持っているのに、自分にはない」とか、「あの人と比べて自分は劣っている」とか、「あの人と比べて自分はなんてだめなんだろう」とか、そんなふうに考えてしまうのです。

そんな時間はとてももったいないです。

勝手に人と比べて自己嫌悪に陥ったり、相手が思い通りにならないからといってイライラしたりするのは、運気を下げるだけ。

それよりも、自分の好きなことや得意なことを極めて、たくさんの人を笑顔にできるよう工夫して生きるほうがずっといいです。

あなたの好きなものや得意なことは、あなただけのもの。

現状を受け入れて前向きに生きれば、運気は上がっていきます。

また、「あの人は人生の勝ち組」「わたしはあの人に負けている」などと言ったりする人もいますが、これも残念なことです。**人生最後までどうなるかはわかりませんし、そもそも勝ち負けなんてどうでもいいこと。**これもまた、不幸のもととなってしまいます。

尊敬できる人がいたら真似してみる

他人とは、比べる対象ではなく、学びの対象であり、感謝する対象です。

相手のことをいいな、素敵だな、と思ったら、自分をその人に近づける努力をしましょう。具体的には、その人の行動や習慣を観察し、それを真似してみるのです。真似から学べることはたくさんあります。

そういう意味では、心から尊敬できる人や憧れられる人がいる人生は、とてもいいものです。それはとても幸運なことで、人生が楽しく、豊かになります。

尊敬する対象は、芸能人でも、スポーツ選手でも、経営者でもいいですし、身近な人でも構いません。親しい友人でも、親でも、恋人でも、先生でもＯＫです。

毎日、尊敬できる人を意識して生活してみてください。

まずは、その人の行動や習慣を真似してみること。そして、「もしその人に会うとしたら、どんな自分でいるべきか」と考えながら行動すること。
それにより気持ちが引き締まり、尊敬する人に少しでも近づけるよう、認めてもらえるよう、努力できるようになります。

これで、あなた自身もいい人間になれます。
好きな人を見習えば、自分のことも好きになれます。
そして、素敵な姿を見せてくれたことについて、その人に感謝しましょう。
あなたが努力できるのは、その人のおかげです。
結果、あなたの人生の風向きはいいほうへと変わってくるでしょう。

POINT

素敵な人がいたら、自分と比べるのではなく、その人の素敵なところを真似してみましょう

自分さえ得すれば
それでいい

GOOD!

みんなで得しよう

最大の幸せをつかむのは、「自分もみんなも」の精神

「得をしたい」

生きていれば、そう考えるのは自然なことかもしれません。

それでは、得する人というのはどういう人なのでしょうか。


それはずばり、**「自分もみんなも」の精神の持ち主**です。

長い目で見て、自分も相手も得ができるようにと考えられる人が、本当の得を得られる人です。目先の得を追い求める人や、自分だけが得しようと思っている人は、いつまでたってもそれは叶いません。

「自分さえよければ」と考える人の周りには、「自分さえよければ」と考える人ばかり集まります。

そういう人たちは、自分だけが得するだけ得して、それでもなお愚痴を言ったり、陰口を叩いたりしています。どんなにお金や知名度があっても、つねになんらかのトラブルを抱えていて、うまくいっていないのが現実です。

逆に、「自分もみんなも」と考える人の周りには、「自分もみんなも」と考える人ばかりが集まります。

そういう人たちは、持ちつ持たれつの気持ちや、恩や感謝を忘れません。「自分もみんなも」の精神をしっかり行動に移し、互いに協力し、支え合いながら生きていくことができます。

周りは、意外とあなたのことを見ています。自分のことばかり考えている人は、「感謝がない人」「恩返しをしない人」だと見抜かれているはずです。

「自分さえよければ」は人を遠ざけ、失敗を呼び、不幸に導きます。

「自分もみんなも」は仲間を集め、成功を招き、幸せを呼び込みます。

どちらの生き方が最終的な得につながるかは、一目瞭然でしょう。

自分の得より、他人の得が先

「自分もみんなも」を実現するには、まず他人の得について考えましょう。

優先すべきは、自分の得より他人の得です。

優れた人は、どうしたら相手を楽しませられるか、相手をどう盛り上げようかと、つねに相手のことを考えます。気遣いができ、心配りができます。

自分のすることや言うことは、相手にとって得になるのか……。それをよく考えてから行動や発言に移すようにしてみましょう。また、それで相手が得したとしても、見返りを求めてはいけません。

相手に得をさせるためには、自分が一時的に損することをいとわないでください。

昔から「損して得取れ」というのは本当にその通りで、少しの損は、最終的に得することにつながります。

いつも損している人には、敵は現れません。

いつも損している人を拒む人はいません。

損している人を批判したりすれば、批判した人には周囲を敵に回したり大損したりする未来が待っています。

自分より相手のことを優先するというのは、難しいことかもしれません。

しかし、自分のことばかり考えるというのは、実は自分を苦しめることなのです。悩みや不安がどんどん大きくなり、そこから抜け出せなくなります。人のことを考え、人のために努力するほうが、安らかな気持ちになるものです。

それを実感できれば、あなたは得をつかめる人になれます。

POINT

みんなで得することを考えましょう。そのために、まずは相手の得を優先すること

【損得勘定②】

もったいないから
手放したくない

GOOD!

人のために
惜しみなく使おう

持ち物を手放せる人こそ成長できる

「もったいない」が口ぐせになっている人、いませんか？
「もったいない」は、不運のはじまりです。
それは、お金についてだけでなく、知識や情報についても言えることなのです。

あなたが成長したいと思うなら、自分の持っているものを人のために惜しみなく使いましょう。自分の体験したことや学んだこと、得た情報は、ケチケチせずにどんどん出していきましょう。

自分の持っているものを出せるだけ出すと、驚くほど成長できます。出し切れる人には、もっと大きな力が必ずやってきます。

人に与えることができる人は、自然と他人から求められ、頼ってもらえます。するとそれに応えるために、おのずと「さらに努力しよう」「もっと勉強しよう」と思えてくるもの。これが、周りに好かれる人の特徴です。

不運は、自分がケチケチしていることが原因である場合があります。自分だけのためにしか生きていない人に、運は味方しないでしょう。

失うことをマイナスだと思っていたら、いつまでたっても前に進めません。

たとえば恋も、結婚も、仕事も、なにをするにしても、時間は奪われるもの。連絡する時間や会う時間など、人のために使える時間を、自分のための時間を削ってつくらなければいけません。

それこそがいい結果につながるのです。

「もったいない」と失うことを恐れるのではなく、失うことをおもしろがりましょう。

自分のなにかを変えたいと思ったら、「いまなにを失うことが自分にとって最もいいか」を考えてみるといいかもしれません。

失って初めて気がつくことや、自ら失いにいかなければ得られないことがあります。

どんどん手放してどんどん失えば、いろいろなことが得られます。

「失う楽しさ」に気づくことができれば、あなたは変われます。

そして、自分の持ち物を出し惜しみせずに人に与えることができれば、あなたの運はどんどん上がっていくでしょう。

POINT

人のために持ち物を手放すのが、成長の鍵。失うことをプラスに考えましょう

【ものごとがうまくいったら】

わたしが頑張ったんです

GOOD!

あの人のおかげです

自分の努力の成果でも、それは誰かのおかげ

みなさんは普段、どのくらい「おかげで」という言葉を口にしているでしょうか。

実はそこに、幸せのヒントがあります。

たとえば、なにかがうまくいったとき、「わたしが頑張ったからうまくいったんだ」と言う人と、「〇〇さんのおかげでうまくいったんだ」と言う人、どちらに幸運は訪れると思いますか？

幸運を呼び込みたいと思うなら、自然に「おかげで」と言えるような生き方をしてみましょう。

人はみな、持ちつ持たれつで生きています。自分だけの力で生きているわけではありませんよね。あなたも、誰かのおかげで生きていられるのです。

苦労が絶えない人は、ついそのことを忘れ、自分のことだけを考えて行動します。結果、同じ過ちを繰り返してしまうのです。

「自分は誰のおかげで生きているのか」を考えて、**ささいなことに関しても「○○のおかげで」と口に出すことを心がけてみてください**。

もちろん、実際に自分の努力によってうまくいくこともあるでしょう。

その場合も、「わたしが頑張ったから」という気持ちは心のなかにとどめておいてください。決して、口に出してはいけません。

なぜなら、**頑張るのは当然のことだから**。

あなたのほかにも、頑張っている人はたくさんいます。

そんななかで、**自分で自分のことを「頑張った」と言う人のことは、誰も評価しません**。想像力のない人だと思われてしまうだけですし、なかには「その程度の努力で頑張ったと思ってるんだ」と鼻で笑う人もいるでしょう。
頑張ったかどうかを決めるのは、自分ではなく他人というわけです。

自分で努力した場合でも、それは他人のおかげ。
「〇〇のおかげ」「おかげさまで」と心から思えるようになれば、幸運は自然とあなたのもとに訪れるでしょう。

POINT

人は自分だけの力で生きているわけではない。「〇〇さんのおかげで」と言える人になりましょう

「人に助けてもらって」

あたりまえ

GOOD!

ありがとう

感謝の気持ちから幸運ははじまる

人は、持ちつ持たれつで生きているのだとお伝えしました。あなたも、周囲の人たちのおかげで生きることができているのです。

その人たちに、あなたは普段から感謝を伝えられているでしょうか。

そもそも、感謝の気持ちを忘れていないでしょうか。

「ありがたい」という気持ちを忘れて、仕事をしていませんか？

「ありがたい」を忘れて、人とつきあっていませんか？

どんな場面でも、「ありがたい」の気持ちが大切です。

不運や不幸、不満ばかり感じる人は、「ありがたい」を忘れてしまっています。

人生がうまくいかない人、現状に満足や納得ができないという人には、「ありがたい」という気持ちが足りていないことが多いです。

そういう人は、周囲の人に助けてもらっても「あたりまえ」と感じてしまいます。

「助けてもらってあたりまえ」だから、なにもしてもらえなかったとき、すぐに不満が出てくるのです。

一方で自分では、決して他人のことを助けようとしません。

そんな人に、運が味方するでしょうか？

幸運は、感謝の気持ちからスタートします。

もっと「ありがたい」と思えることを探して、もっと真剣に「ありがたい」と思って生きると、人生は簡単に好転します。運命だって、大きく変えることができます。

「ありがたい」という気持ちが強いほど、人生は楽しく、おもしろくなるのです。

感謝の気持ちは、口に出してなんぼ

感謝の気持ちを持つことは、大切です。

しかし、ただ心のなかに持っているだけでは意味がありません。

「ありがたい」の気持ちは、相手に伝えてなんぼです。

相手が身内や仲のいい人であれば特に、「ありがとう」を言い逃してしまっている人は多いでしょう。ですが、伝えることをためらっていたり、伝えたつもりになっていたりすると、いつまでも人生がいい方向に変わることはありません。

「ありがとう」と言える人が幸せになっていくところを、これまで僕はたくさん見てきました。彼ら彼女らは、いい人たちに囲まれていたり、生活にゆとりがあったりと、幸福な人生を送っています。

「ありがとう」が自然に出てこない人は、残念ながらどこか魅力に欠けてしまうものです。

「ありがとう」が言えないと、誰にも好かれないし惚れられもしません。信用されないし、ただ格好悪いだけで、誰からも憧れられません。


「ありがとう」と素直に言える人になりましょう。


そのために、ささいなことでもいいので「ありがとう」と思えることを探して、口に出してみてください。難しいことではありません。ちょっと意識するだけで、いますぐにはじめられます。

「ありがとう」を言うゲームだと思って、周囲が驚くほど、感謝の言葉をたくさん言ってみるといいでしょう。そうすると、「ありがとう」と言える場面が、意外と近くにたくさんあることに気づくでしょう。

これを続けていると、運気の流れが急激に変わってきます。

また、大切なのは、優しく親切にしてくれた人だけではなく、**自分を叱ってくれる人、怒ってくれる人、嫌いな人にも、感謝を伝える**ことです。

厳しい言葉をかけられたときは嫌な気持ちになったかもしれません。しかし、あなたはそのおかげで強くなり、力をつけられたということを忘れてはいけません。

どんなことにも感謝をして、感謝を伝えて生きるようにすれば、人生の波が変わりはじめ、運気は一気によくなっていきます。

POINT

ささいなことにも感謝の気持ちを持って、それを口に出して相手に伝えましょう

ひと息コラム

日々の「挨《あい》拶《さつ》」が、幸運を呼び寄せる

あなたは普段、挨拶をしていますか？
挨拶は、人と人のかかわりあいの基本。
自分の幸せは他人がつくってくれるものだと考えれば、
自分から先に挨拶をするのはあたりまえです。

以前、「相手よりも先に挨拶をする」を
モットーとする人に出会ったことがあります。
挨拶がくせになっていた僕が、
たまたま先に「おはようございます」と言ったところ、
「あ～、自分より先に挨拶されたのは初めてだ。
飯田さんは素敵な人生を過ごせるコツを
知っているな～」と感心されました。
そして、そんなことを言う人はやっぱりすごい人だったりするのです。

挨拶をするのは簡単なことですが、
簡単なことほど継続するのが難しいもの。
だから、「おはようございます」「こんにちは」
「よろしくお願いします」を口ぐせにしてみましょう。
笑顔で明るく挨拶すれば、それはきっと相手に響きます。
その結果、運が舞い込んで、
生きるのが自然と楽しく、おもしろくなってくるはずです。

CHAPTER

3

動けば運もついてくる

「無理」「無駄」「難しい」。運が逃げていく〝3つの「む」〟です。失敗を恐れてついこう言いたくなる気持ちもわかります。ですが、人生というのは失敗のほうが圧倒的に多いのです。いちども失敗していない人なんて、この世にひとりもいません。挑戦して、失敗して、それを学び糧にするから、人生は豊かになります。自分を動かす言葉を口ぐせにして、どんどん行動してみてください。

【ものごとに取り組む姿勢①】

どうせうまくいかないよ

GOOD!

どうせならやってみよう

失敗しない限り、自信は生まれない

どうせ。

失敗や挫折を恐れて、なにもせずにいる人がよく使う言葉です。

「どうせできないから、やらない」

「どうせ失敗するだけだから、挑戦しても意味がない」

そういう人は、過去の失敗経験によって卑屈になってしまっています。

前回失敗したからといって、今回もうまくいかないとは限りませんよね。

今回がだめでも、次ならなんとかなるかもしれない。

人生は前に進むしかないものなのだから、卑屈になってなにもしないより、卑屈になってでもチャレンジしたほうが断然いいと思うのです。

卑屈になったところで立ち止まってしまうからそのままなのであって、卑屈のその先へ行けばいい。開き直って進んでみればいいのです。

「失敗したから自信がなくなった」という言葉もよく聞きます。

はたして、それは本当でしょうか？

本当に、その人にはもともと自信があったのでしょうか？

自信とは、成功するからつくのではありません。

失敗をどれだけしたか、失敗をどれだけ乗り越えたか。その経験こそが自信につながります。

たくさん挑戦すれば、それだけ失敗も増えるでしょう。そして、自分の不甲斐なさが身にしみて、二度と繰り返すまいと心に誓うでしょう。

そのときに、失敗のパターンを覚えるのです。すると、同時に成功のパターンも見えてきます。自信とはそうやって生まれていくものです。

それなのに、「自信がなくなるから挑戦しない」などと言っていていいのでしょうか？

失敗して傷ついて、怖い思いをするからこそ、人は学ぶことができます。

自信の量は痛みの数で決まるのです。

だから、失敗はなんどしたっていいのです。自信に変わるまで、失敗し続ければいい。

また、プライドが傷つくことを恐れて挑戦できない人もいます。

誰だって自分がいちばんかわいいから、馬鹿にされたり否定されたりするのは怖いものです。しかし、「自分はできる」と意地を張っているうちは、自分の無知を露呈してしまっているだけ。

勇気を出して、自分ができないということを認めましょう。

そして、できる人に頭を下げてみましょう。

自分の能力に自信を持つのは構わないですが、他人の能力に助けを求めるという姿勢も必要です。それができれば、あなたはもっと学ぶことができます。

「行動」にこそ価値がある

いざ挑戦しようと思ったら、あとは行動あるのみです。

「行動」して、「体験」することに価値があります。

大切なのは、「自分だけの体験」。

自分以外の誰も体験していないこと、自分にしかわからないこと、自分にしか感じられないこと。それこそがあなたの価値になります。

考えているだけでは、それは無駄な時間です。行動なくして、失敗も成功もありません。考えるだけでいい結果を得られる人はいないのです。

事前にいくら想像力をめぐらせていても、いざ行動してみると、自分の想像以上のことがどんどん起こります。それを嫌だと思わず、楽しもうとすることができれば、あなたの自信につながっていくでしょう。

失敗を受け入れるつもりで、「どうせならやってみよう」の気持ちで挑んでみましょう。そして、身をもって失敗を体験していってください。

POINT

なんども失敗した経験が、成功に導く。卑屈にならず開き直って、行動あるのみ

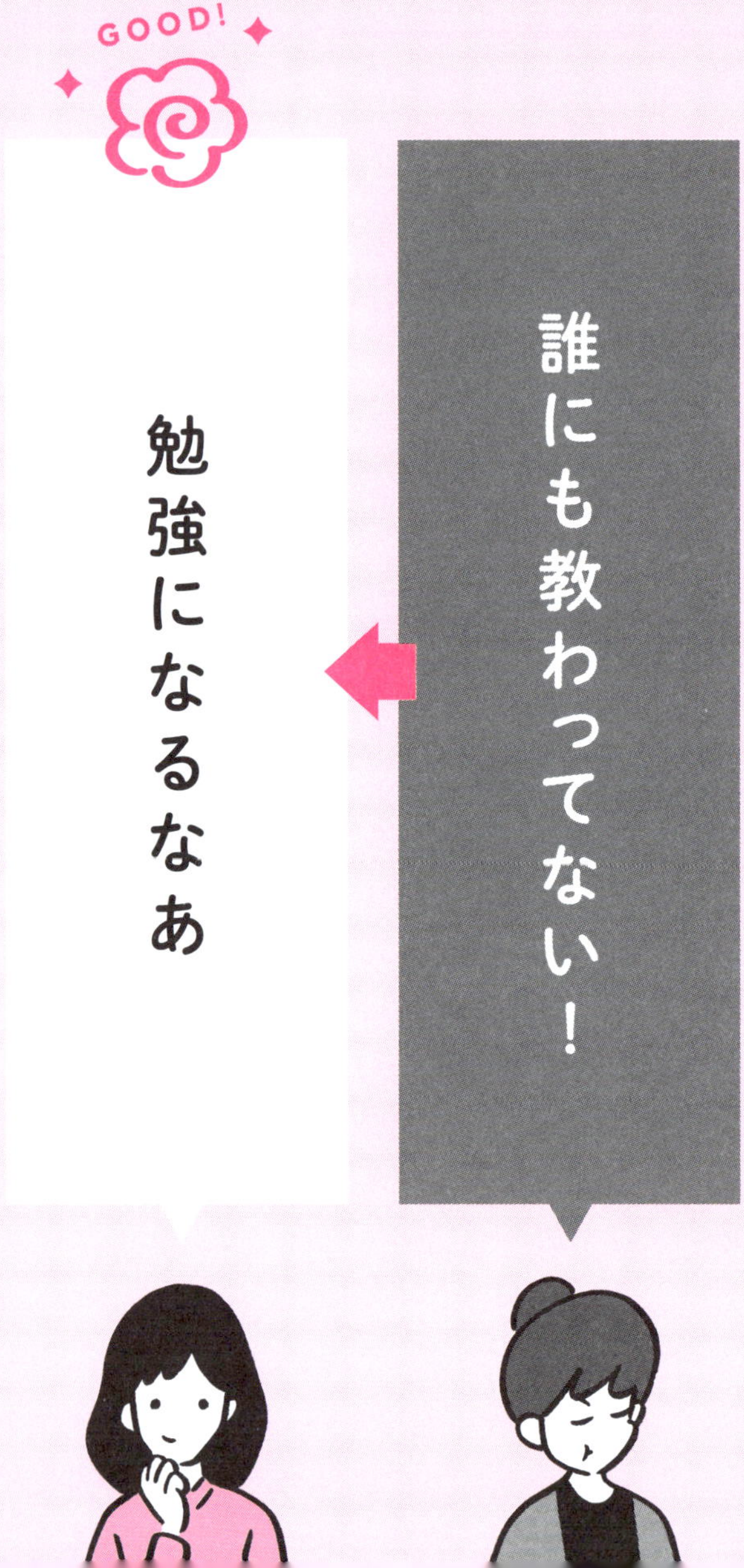
GOOD!
誰にも教わってない！
勉強になるなあ

教えてもらうのではなく自分から学びにいく

自分から学ぼうとする姿勢は、人にとって大切なもののひとつ。

それは、仕事においても恋愛においても、人生全体においても言えることです。


「いつか誰かが教えてくれるだろう」

「誰もわたしに教えてくれようとしない」

そう思っている人は、不運から抜け出せなくなってしまいます。

なにごとにも、そこから学べることがあります。**学ぶ姿勢を持ち、学んだことをほかの人のために活かそうとする人が、幸せになれます。**

「そんなこと学校では教えてくれなかった」と言う残念な人がいます。

でもたとえば学校で、ドアの開け方や閉め方を教えてもらったでしょうか。教えてもらわなくても、勝手にできるようになるものですよね。

勝手に学んで勝手に身につけられていることのほうが、人生には多いです。

「教えてもらってない」は、学ぼうとする姿勢がないことの表れなのです。


生活は、「生きる」を「活かす」と書きます。

人は、普段の生活のなかから、自分で知恵を身につけていくもの。

仕事も恋愛もお金のことも、なにごとも自ら学ぼうとしないといけません。幸せになれる人は、どんなことからでも学ぼうとし、なにからなにを学ぶべきかを自分で判断し、どんどん学んでどんどん成長していきます。

遊びからだって、学ぶことはできるのです。それを理解せずにただ遊んでいるだけの人は、学びのチャンスを無駄にしてしまっています。

時間は、どんな人にも平等です。その時間をただ遊ぶことだけに使った人と、学ぶことに使った人とで、差が出てくるのはあたりまえ。

もしあなたが「自分は人より劣っている」と思うなら、それは他人より劣っているのではなく、他人より学ばなかっただけかもしれません。

甘えを捨てて、まずは目の前のものから学ぼうとすることからはじめてみましょう。学べることが幸せということを忘れないようにしてください。

学ぶ姿勢を持ち続ければ、幸運は訪れます。

POINT

どんなことからでも学ぶことができる。学ぶ姿勢を持ち続ける人こそが幸せ

【「なに食べたい？」と聞かれたら】

うーん、なんでもいいよ

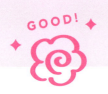

GOOD!

○○がいいな！

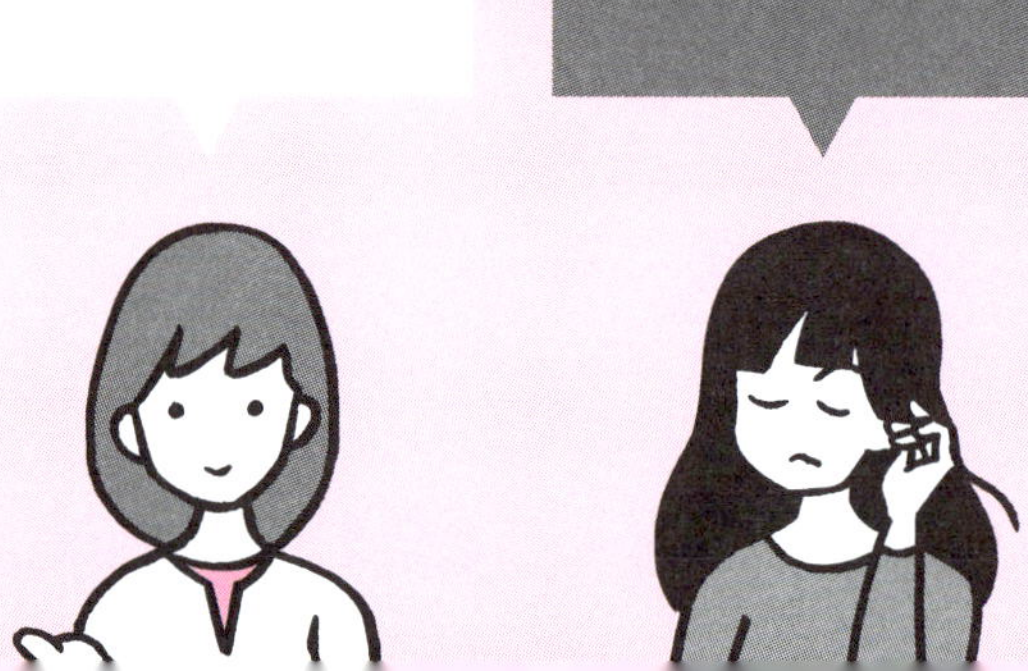

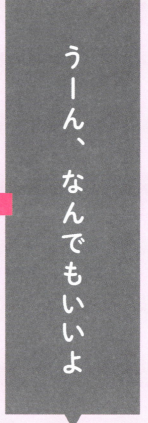

「なに食べたい？」には3秒で答える

生きていれば、迷うことはあるでしょう。

しかし、迷ってばかりの人になってはいけません。

迷っているとは、すべてが止まったままの状態ということです。その状態が続くと、いつまでも同じ悩みや不安から抜け出せず、成長できなくなってしまいます。

たとえば、人に「今日はなに食べたい？」と聞かれて、「うーん、なんでもいいよ」と答えたりしていませんか？

これを続けていると、判断力が低下して〝迷う人〟になってしまいます。

自分の食べたいものくらいは、３秒以内に判断できるようになりましょう。

これは、ひとつの訓練です。

「なに食べたい？」は、いきなり与えられた訓練。聞かれた瞬間に、自分がなにを欲しているかを判断し言葉にして出すという、迷わないための訓練です。

答えはいつも同じでもＯＫ。毎回「ラーメン！」でもいいし、毎回「焼肉！」でもいいし、毎回「お寿司！」でもいいんです。毎回答えを変えようとするから、頭を使ってしまうわけで。

重要なのは、それを瞬時に言葉にして出せるか否か。瞬時に判断して行動できると、それ以上迷う必要がないため、時間を無駄にせずに済みます。

判断力を鍛えるために、占いの力を借りてもいいでしょう。

ラッキーフードを答えれば、迷わず前に進むことができます。そういう意味では、占いは、迷いを捨てるためにあると言ってもいいものです。

迷いは禁物。これは仕事や恋愛についても同じで、迷ってばかりの人は進展も望めませんし、周りに後れをとってしまいます。

迷ったら、とりあえず動いてみてください。

迷っているその時間がもったいないのであって、動いてみれば、案外なんとかなるものです。

迷ったら進んでみて、また迷ったら、また進む。それでいいんです。

迷って立ち止まっている人に、運はやってきません。

動くことで、前に進むことで、運はあなたの味方をします。

POINT

迷っているのは時間の無駄。「迷ったら進む」を心がければ成長できます

いい出会いがない

GOOD!

いまの出会いが最高だ

「出て」「会う」から「出会い」になる

「出会いがありません」

この言葉、大げさでなく数千回は聞いてきました。

そのたびに僕は思います。人間、生きていて出会いがないわけがない、と。この言葉を言っていいのは、無人島にたったひとりで住んでいる人だけ。

「出会いがない」と嘆く人は、「行動しない」ことを選択している場合が多いです。

「出会い」とは、「出て」「会う」もの。

家でじっとしているだけでは、チャンスがくることはありません。**行動しなければ「出会う」ことはない**のです。

逆に言えば、一歩外に出れば、必ず誰かに会うはずです。

以前、家族で明治神宮に出かけたことがありました。敷地内の池のほとりを散策していると、「わ〜すごい！」と声が聞こえてきます。気になって、「すみません。なにがすごいんですか？」とたずねてみると、その人は「あそこにカワセミがいるんですよ！」と興奮気味に教えてくれました。集まっていたのは、日本野鳥の会の人々。明治神宮は野鳥観察スポットとして人気があり、都心部ではなかなか見られないカワセミにもお目にかかれるのだそうです。ひとこと声をかけただけで、いろいろな話が聞けて、楽しい時間を過ごすことができました。

これも一種の「出会い」です。

つまり、「出会いがない」のではなく、「出会いのチャンスをつかみにいっていない」だけだということ。

だからとにかく、まずは行動してみましょう。

「自分はこうだから」と決めつけず、どんどんいろいろな場所に行くことが大事です。

同じタイプの人とばかり遊ばないで、知らない人と話してみたり、初めての集まりに顔を出してみたり。

ほんの少しの行動力、実行力で、どんな場所でも、どんな人とでも「出会い」になります。

足りないのは、運ではなく行動力なのです。

素敵な人に会うには素敵な人でいること

「出会い」という観点から、もうひとつ、考えてみてほしいことがあります。

いつも「出会いがない」と愚痴っている。たまに出会った人や恋人になった人がいても、文句ばかり言っている。

あなたなら、そんな人に知り合いを紹介しますか？　大切な友人を紹介しますか？

もし、**本当に素敵な人が悩んでいたら、周囲は放っておきません。**

「こんなに素敵な人なら、誰かいい人を紹介できないかな」

「そんなに困っているなら、手助けできることはないだろうか」

自然とそうなるものです。

「紹介」とは、お互いの信頼関係にかかわる行為。文句や愚痴が多かったり、いまのパートナーの悪口を他人に言ったりするような人は、「この人には紹介しにくいな」と思われて、いい出会いはやってきません。

「出会いがない」と嘆くなら、人に紹介される人になりましょう。

日々の行動、人との縁や信頼関係を大事にしましょう。

自分本位に生きていたら、誰も助けてはくれません。

「いまの出会いが最高です」

そう言葉にすれば、それ以上に素敵な人が現れるようになっていきます。

POINT

「出会う」ためにはまず行動。そして、人に紹介される人になりましょう

目標がないからだめなんです

GOOD!

とりあえずなにかやってみよう

目標がないのは悪いことじゃない

「目標がありません」という悩みをよく聞きます。

でも、大丈夫。目標がないことを後ろめたく思う必要は、まったくありません。

頑張れる人には、ふたつのタイプがあります。

自分のやるべきことやできることがわかっていて、目標に向かってすぐに頑張れるタイプと、自分がなにをしたいのかわからないけど、とりあえず頑張っているタイプです。

一見、前者のタイプのほうがよさそうに思えますが、後者のタイプも決して悪くはありません。

目標がないということは、進む道が見えていないということ。それはつまり、進む道を変えられるということでもあります。

目標がしっかり決まる人は、進む道もしっかり決まるけれど、そのぶん頑固になって視野が狭くなってしまう恐れがあります。

目標がない人は、進む道が決まっていないからこそ、寄り道することができます。いろいろなことを試すことができて、いろいろなものを見ることができます。それによって視野が広がり、柔軟な発想が可能になるのです。

結局、どちらにもよしあしがあります。

目標がないからだめ、頑固だからだめ、好きなことが見つからないからだめ、ということはないのです。プラスの反対には必ずマイナスがある……人生ってそんなもの。

だめだと思うからだめになるのであって、いいと思えば、よくなるのです。

また、焦って決めた目標ほど怖いものはありません。

目標は見失ってもまた探せばいいですが、自分だけは見失ってはいけません。

なんだかんだで、最終的に目標は見えてくるものです。自分がなにをしたいのか、最後は自分で決めることができます。

それまでは、いろいろなものを見てみてください。

目標が見えてこなくても、焦らないでください。

遠回りをした人は、人と違うものをたくさん見られます。

目標を探す過程にこそ、大切なものがあるのです。

POINT

目標がないからといって焦らないこと。いろいろなものに触れていれば、自然と見えてくる

休むことなく、
絶対に毎日続けよう

GOOD!

なんとなく、
休み休みでも続けてみよう

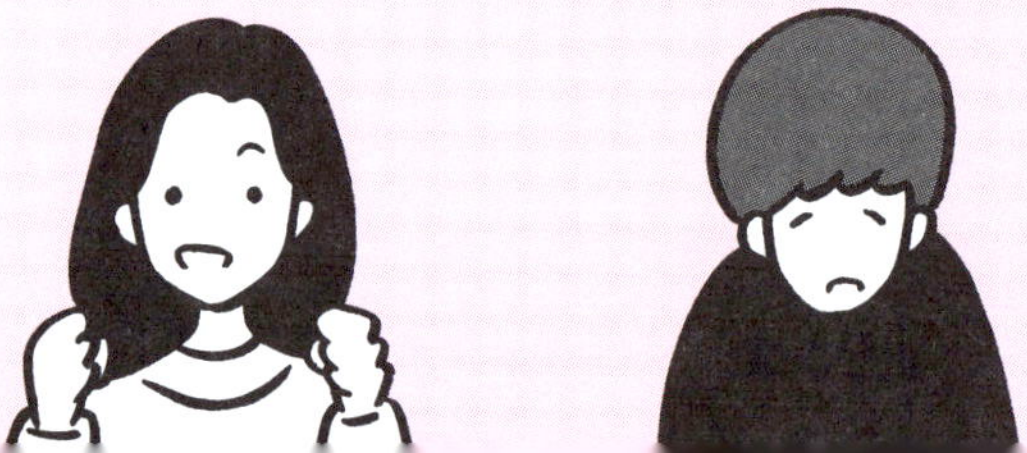

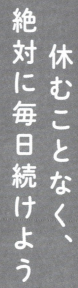

「継続」と「連続」は似て非なるもの

「継続は力なり」という言葉があります。
この言葉にあるように、地道な努力や積み重ねが大事であることは、誰もが知っているはずです。

しかし、実は**「継続」を「連続」と勘違いしている人がとても多い**のです。
このふたつは似て非なるもの。
継続は、単純に続けること。
連続は、絶え間なく続けること。
絶え間なく続けるのは当然素晴らしいことですが、それを必須とするのは、かなり厳しい条件になります。連続させようとすると、長続きさせるのが難しくなってしまうのです。

厳しいダイエットが続かないケースが、まさにそうです。

最初は毎日連続してできていても、どこかで疲れてしまい、「今日くらいは」と油断をして怠けてしまう。すると、「せっかく連続していたのに、記録が途絶えてしまった……わたしはだめな人間だ」と、連続してできなかった挫折感で、これまでの努力をふいにしてしまう。これでは意味がありません。

大切なのは「継続」であり、「連続」ではないのです。

継続させたいなら、連続させないほうがむしろいいのです。

継続のためには「なんとなく」が大事

僕は、小学校5年生くらいから筋トレを継続してやっています。

はじめた当初は11歳だったので、もう38年間続いていることになります。

ここで言いたいのは、38年の間、継続はしていますが、連続はしていないということ。毎日やるわけではありませんし、ときには1週間くらいやらないこともあります。

一回にやる量もまちまちで、たとえば腕立て伏せを10〜20回やる日もあれば、50回やる日もあります。

一年のうち7、8割くらいの期間、「なんとなく」やっている感じです。

占いの勉強もそうで、決して連日連夜やっているわけではありません。ときどき本を読んで、データを見て、考えて、まとめる。これを「なんとなく」やることで、20年以上継続することができています。

この「なんとなく」の姿勢が、継続の秘訣です。

また、大変なイメージのある禁煙についても同じです。1か月で禁煙できればそりゃあいいけれど、それが1年後でもいいじゃないですか。

問題は、目標を達成できるかどうか。ゆっくりでもいいから、確実にゴールにたどり着ければオールOKというわけ。

よほど根性のある人なら、連続させることもできるのかもしれません。しかし、そんな人はそうたくさんはいません。**だいたいの人は、連続してできないのがあたりまえ**なのです。だから、連続してできない自分をだめだと思わないでください。

今日くらいは休んで、また3日間頑張る。

4日休んだら、今度は1週間頑張って続ける。

それでいいんです。結果、1年の半分くらいの間できていたら、それはもう「継続」と言っていいでしょう。

あなたがなにかを継続させたいと思うなら、「なんとなく」の姿勢で取り組んでみることをおすすめします。

POINT

連続させなくてOK。継続させるために、「なんとなく」の姿勢でやってみましょう

金持ちは悪だ。
人生はお金じゃない

GOOD!

お金持ちを見習おう

お金持ちになりたいなら お金持ちから学ぶ

「金持ちは悪人だ」「金は汚い」

日本には、なぜかそう考える人が多いです。そこには嫉妬心があったり、昔話やドラマのイメージがあったりするのかもしれません。

しかし、お金持ちを敵視しているうちは、あなたがお金持ちになることはないでしょう。

そもそも、お金とは単なるツール。お金持ちとは、それをうまく使いこなしている人のこと。お金というツールをどう使うべきか一生懸命考え、新しいことにチャレンジし、人々の関心を引きつけることをする。その結果、たくさんのお金を動かすことができている人なのです。

だから、お金持ちの人を妬んだり、「お金持ちは悪」と思ったりするのは、とんだ筋違い。

あなたがお金持ちになりたいならば、まずは「お金持ち＝悪」のイメージをなくすことからはじめましょう。そして、お金持ちの人から学びましょう。

僕はこれまで、たくさんのお金持ちを見てきました。

彼ら彼女らには、共通点がいくつかあります。

それはたとえば、お金持ちになったから人にご馳走するようになったのではなく、そもそもご馳走することが好きだった、ということ。

ほかには、お金持ちだからきれいないい部屋に住んでいるのではなく、もともと美意識が高くて、部屋をきれいにしていた、ということ。

つまり、つねに〝行動が先〟なのです。

幸せだから笑顔なのではなく、笑顔で暮らしているから幸せになったというのと同じで、お金を持っているというのは結果に過ぎないのです。

だからあなたも、お金持ちを見習って、その姿勢から学んで、行動してみてください。

そうすれば、お金からも、お金持ちからも好かれる人になれます。

POINT

お金持ちを妬む人は、お金持ちにはなれない。お金持ちから学べる人だけがそれに近づける

ほめられて伸びるタイプです

GOOD!

伸びたらほめられるので、また頑張ります

ほめられることをゴールにしない

「わたしはほめられて伸びるタイプです」と口にする人がいます。
その言葉を聞くと、僕はこう問いかけてみたくなります。
あなたはその時点で、自分がほめられることをどれだけやったのでしょうか？
あなたはほめられるに値する人なのでしょうか？
ほめられることをゴールにしてしまっていませんか？
と。
実際に成長や伸びを見せなければ、誰もほめてはくれません。
また、こういう人は、いざほめられるとそれで安心してしまいます。

しかし、ほめられたということは、もともとはできていなかったということ。できないと思われていたことができたから、ほめられているのです。

ほめられること自体は嬉しいものですが、本来であれば、ほめられないのがあたりまえになるくらい努力しなければいけません。

そのことに気づかず、ほめられたことに安心して終わってしまう人に、成長や伸びがあるはずがないのです。

人は、説教や小言、叱られたことを心に刻んで、忘れないようにすることで成長できるもの。ほめられているだけでは成長できません。

とはいえ、ほめられたのを受け止めるのが悪いと言っているのではありません。ほめられたら、その場ではおおいに喜ぶ。その後は切り替えて、もっとほめられるように頑張る。

叱られたら、叱ってもらったことを心に刻んで、同じ失敗を繰り返さないように成長を続ける。

その両方が必要なのです。

ほめられたときはそれで終わりにせず、「伸びたらほめられるので、また頑張ります」と、**ほめられたことを原動力に、もっとほめられるように頑張る**こと。

ほめてくれる人や叱ってくれる人に感謝して、成長や伸びを見せられるように、努力すること。

その姿勢が、あなたを成長させてくれます。

POINT

ほめられることはゴールではない。
それを原動力にさらなる努力を

【苦手なことを前にして】

苦手だから
やらないでおこう

GOOD!

苦手だからこそ
やってみよう

苦手の克服が、人を大きく成長させる

同じような失敗を繰り返したり、不満から抜けられなかったりする人がいます。そういう人は、自分の得意なことや好きなことしかしていないのかもしれません。

苦手なことを、苦手なままにしているのかもしれません。

得意なことや好きなことを極めるのは、多くの人ができることです。なぜなら、それらに時間をかけることは、苦ではないから。

それに対し、不得意なことや苦手なことからはつい目を背けてしまうものです。克服するには努力が必要で、時間もかけなくてはいけないから、「無理だ」と諦めてしまいがち。そうして、多くの人が不得意なことや苦手なことを克服する努力を怠っています。

自分に足りないものに向き合うのは大切なことです。

不得意や苦手を克服することで、人は大きく成長できます。いちど困難を乗り越えれば、それが大きな経験となって、人を成長させます。

人と話すことが不得意で苦手なら、他人と上手に話ができるように努めてみてください。

字を書くことが不得意で苦手なら、字を書く練習をしてみてください。

本を読むことが不得意で苦手なら、少しでもいいから本を読んでみてください。

自分の不得意なことや苦手なことを、ひとつでも克服できるよう努力してみると、人生は大きく変わりはじめます。

苦手なことへの向き合い方も、気持ちひとつ

不得意や苦手に挑む際に大事なのが、困難や苦労を楽しもうとする気持ちです。

「成長するタイミングがきた！」
「これを乗り切ったらすごく力がつく！」
「これが克服できたら祝杯をあげよう！」

そんな気持ちで臨んでみると、不得意なことや苦手なことの捉え方が変わり、いままで避けていたものたちにも向き合えるようになります。

また、**「慣れ」も苦手の克服を助けてくれます。**

苦手なことやつらいことはつい避けてしまうもの。

それゆえに「場数」が増えず、なかなか慣れることができません。場数を踏んでいないから慣れることができず、緊張するし、うまくできないし、嫌なことに感じられてしまうのです。

「すべての出来事は経験だ」
「これは場数を踏むチャンスだ」
「慣れれば苦手意識も減るはずだ」

そんなふうに考えて、強い気持ちを持って、受け止めてみてください。これを繰り返していくと、苦手なことにも少しずつ慣れていけるはずです。

「苦手だからやらないでおこう」ではなく「苦手だからこそやってみよう」と考

え方を少し変えるだけで、向き合い方が変わっていきます。

POINT

自分の気持ち次第で、苦手なことにも向き合える。目を逸らさない人こそ、大きく成長できる

【やるか、やらないか①】

やればできるんです

GOOD!

やりはじめてみます

一歩踏み出すことが幸運の鍵

学生のときの夏休みの宿題、あなたは先に終わらせるタイプでしたか？

それとも、ギリギリになって慌てて取り組むタイプでしたか？

後者のタイプの人には、残念ながらこのままだと幸運はやってきません。

「やろうかな、どうしようかな」「今日からか、明日からか……」

そんなふうにもたもたしているうちに時間だけが過ぎ去って、追い込まれるまで手をつけようとしない。その間に、運はどんどん逃げてしまっているのです。

前者のタイプの人は、つねに心と行動に余裕があり、幸運をどんどんつかむことができます。

会社でも、なぜか残業の時間帯になってから仕事を頑張りはじめる人がいますが、これも後者と同じタイプです。

そういう人たちの多くは、「やればできるんだ」と言います。

しかし、肝心なのはできるかどうかではなく、やっているかどうかです。

どんなに才能があっても、どんなに人柄がよくても、どんなに運気がよくても、行動しなければなんの意味もありません。

行動すれば、成功もするし、失敗もします。行動しない人は、失敗しかありません。

行動すれば、失敗しても経験がつきますが、行動しなければなんの経験も得られません。


大事なのは、最初の一歩です。

スタートさえ切ることができれば続けることができるものですが、多くの人がこの一歩を踏み出せずにいます。

あれこれ考えず、とにかくはじめてみることです。

「今日は運気がいい日だからはじめてみよう」

ただそれだけでいいんです。

最初の一歩を踏み出して行動に移せる人こそが、本当に幸運をつかむことができるでしょう。

POINT

できるかどうかより、やっているかどうか。運をつかみたいなら、まず一歩踏み出しましょう

【やるか、やらないか②】

今度やろう

GOOD!

いまやろう

後回しにするとチャンスは遠ざかる

「今度やろう」

それは、人生がうまくいかない人の口ぐせです。

どんなにいいアドバイスや情報を得ても、「今度やろう」と後回しにした瞬間に、運を逃してしまっています。


「明日からやろう」「来週からやろう」「タイミングが合うときにやろう」

そんなふうにぐずぐず、もたもたしている間に、チャンスはどんどん遠くなっていきます。結果、チャンスをつかめなかったとしても、それはすべて自分のせい。

「すぐに取りかかったけど、うまくいかなかった」というのも同様です。

途中でうまくいっていないことに気づいたら、軌道修正することもできたはず。

そのタイミングはあったはずなのに、つい後回しにしたり避けたりして、結果的にチャンスを逃してしまっていたのです。


いずれにしても、うまくいかない人というのは、あらゆる場面で「楽」な方向を選んでしまっています。

目標に向かう道には困難や面倒がつきもので、決して「楽」ではありません。

しかし、ある程度乗り越えると、だんだん「楽しく」なってきます。楽しい場所に着くまでは、苦しい場所を乗り越えていくしかないのです。


「今度やろう」は、運を逃すだけ。

「今度やろう」にするから、自分を苦しめることになります。

今度の「度」を抜いて、「今《いま》やろう」に変えましょう。

本当に運をつかみたいなら、いまできることは、いまやってみましょう。

POINT

「今度やろう」は楽をしようとしている証拠。いますぐやる人に、チャンスも運もめぐってきます

ひと息コラム

いい言葉は、素直に受け取る

世の中には「頑張れ！」と言われて頑張れる人がいます。
一方で、「頑張れ！」がプレッシャーになる人もいます。
「いまは頑張ってないと思われてるんだ」とすねる人もいます。
「もう頑張ってるよ！」と怒り出す人すらいます。

なにを言ってもマイナスに、ひねくれて捉えてしまう……。
もちろん、すべてを従順に聞き入れろというわけではありませんが、
いい言葉を素直に受け取るのは、とても大切なことです。

「泥棒は他人を泥棒だと思う」という言葉があります。
自分が人の物を盗むから、
他人も同じように物を盗むと決めつけてしまう。
他人の言葉に悪意があると思うのは、自分に悪意があるからです。

本書では「口ぐせ」、つまり「自分が言う言葉」を紹介していますが、
「人から言われた言葉」をどれだけプラスに受け取れるかでも、
日々の行動や人生は変わってきます。
まずは素直になって、「頑張って！」と言われたら
「よし頑張ろう！」と思える人になりましょう。

CHAPTER

4

向き合い、認め、前に進む

誰だって、自分と向き合うのは怖いもの。過去にすがり、あるいは蓋をして、正義に溺れ、他人を攻撃して――。でも、弱くて、愚かで、正しくない自分も「自分」なのです。いまの自分をきちんと認めて、そこから少しずつでも前に進んでいく。そんな決意を言葉にすれば、未来はきっと拓けます。運は、真面目に頑張っている人が好きだから。

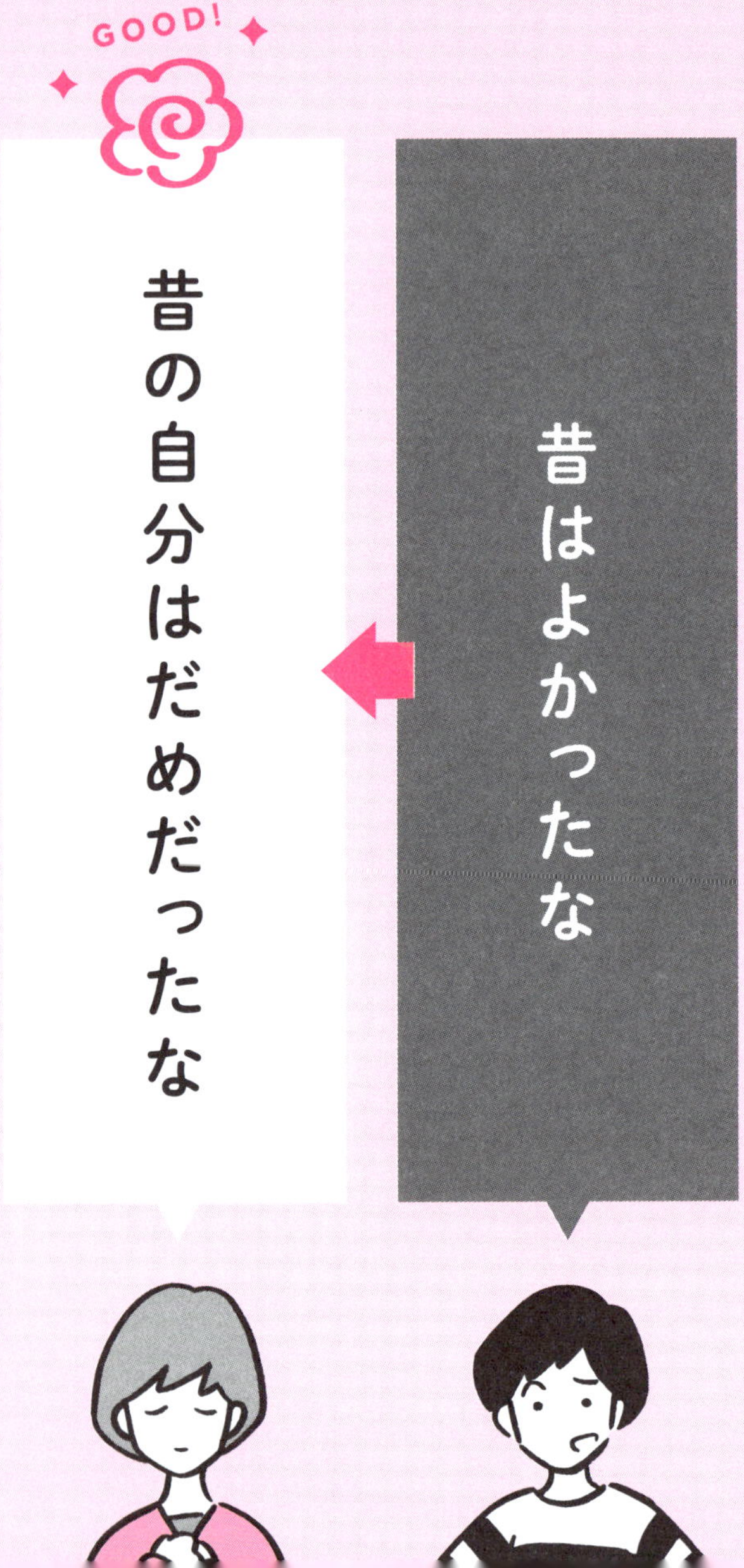
昔はよかったな
GOOD!
昔の自分はだめだったな

成功者は、自分の愚かさを知っている

「苦労しているのは自分だけ」

うまくいっていない人に限って、そう考えてしまうもの。そういう人たちは、自分がうまくいっていないから、ひがんだり、他人を恨んだり、妬んだりしてしまうのです。

苦労はみんなしています。あなただけではありません。それがわからないままでは、いつまでたっても状況は変わらないでしょう。

では、どうすれば、ひがまない、恨まない、妬まない自分をつくれるのか？

それにはまず、〝言い訳をしない〟人生を送る覚悟をすること。

そして、「これだけ頑張ってだめだったら仕方ない」と諦められるくらい頑張ること。目の前にあることに全力で一生懸命取り組んで、失敗してもへコんでも、挑戦し続けることです。

そうすればやがて、かつての自分が幼く、愚かだったことに気がつきます。それを認めて、「昔の自分の考え方はだめだったな」と言えるようになれば、それはあなたが成長している証となります。

「昔はよかった」

これも、うまくいっていない人がよく口にする言葉です。

「バブルの頃は……」のような過去の話をはじめる人がいますが、昔話をするのは成功していない人の典型。「昔はモテた」のような武勇伝もそうですし、「昔、いじめられていた」という不幸話も同様です。

これらはすべて、言い訳なのです。しかし、当の本人はそのことに気づいていません。その時点で、その人はもう成功者にはなれません。

本当の成功者は、「過去に嫌なことがあったから、いまの幸せがある」と考えます。

「嫌なことがあってよかった」と、過去をプラスに捉え、感謝の心を持っていまを生きています。

昔の自分は未熟だった。でも、そのおかげでいまの自分がある。そんなふうに考えられるようになるまで鍛錬を積めば、きっとあなたにも成功への扉が開きます。

POINT

本当の成功者は、昔話や武勇伝を語らない。自分の未熟さを認めて、言い訳しない人生を

嫌な思い出が忘れられない……

GOOD!

過去のおかげでいまがあるんだ

過ぎたことで悩んでも仕方ない

過去のあれこれにとらわれている人がいます。

失恋、受験の失敗や就職活動の失敗、リストラ、人間関係のもつれ、貧乏時代の体験、病気をしたことによる苦労……。時間がたってもなお、そういったことを引きずってしまっているのです。

しかし、いくら後悔したり嘆いたりしても、**過去を変えることはできません。**

運のいい人や幸せそうな人は、つねに先の話をしています。

彼ら彼女らは、明日の話、未来の話、夢の話が好きなのです。過去にあった嫌なことも、「過去は過去」「過ぎたことだから」と開き直ってしまいます。

本当は、そんなふうに考えられるのがいちばんです。

ここでも、「おかげ」がヒントになります。

どうしても過去について考えてしまうなら、後悔するのではなく、「過去のおかげでいまの自分がある」と考えてみてください。


失恋した「おかげで」、いまは素敵な人と結婚することができている。

受験に失敗した「おかげで」、いまは好きな仕事に就くことができている。

リストラされた「おかげで」、その後、新しい道が見つかった。

人間関係がもつれた「おかげで」、いまではいい人たちに恵まれている。

貧乏した「おかげで」、いまはお金を稼いで楽しく暮らしている。

病気をした「おかげで」、健康に気を使えるようになった。


嫌な思い出や苦労話も、考え方次第でいい思い出に変換することができるのです。

それは未来の希望にもなります。これから先につらいことが起こっても、「これが未来の自分をつくるんだ」と思えば乗り越えられます。

前向きな考え方にシフトするくせをつけてください。

シフトできたら、「では次はどうするか」「自分はなにを頑張るべきなのか」を考えてみてください。

夢や希望、未来を目指し続ける人に、運は味方します。

人生を楽しくできるかどうかは自分次第で、運をつかめるかどうかも自分次第なのです。

POINT

「過去のおかげでいまがある」と前向きに。そうすれば、嫌な過去もいい思い出に変わります

わたしが絶対に正しい

GOOD!

わたしが悪い。
ならどうしよう

「自分は正しい」と信じて疑わない人は危険

時代が悪い。世間が悪い。他人が悪い。

そんなふうに、なにもかもを自分以外のもののせいにしてしまう人がいます。

そういう人たちは、「自分が正しい」と思って疑いません。自分だけは絶対に間違っていないと信じているのです。

しかし、「自分が絶対に正しい」と思うことほど、怖いものはありません。

人間、なにかしら間違いはあるもの。どんな人にも、欠けた部分や至らない点があります。

それを理解できていれば、つねに慎重になって、注意しながら行動できるはず。

過ちを犯したときは、反省することもできます。

しかし、理解できていない人には、これは永遠に不可能だと言っていいでしょう。


自分を「正しい」と決めつける前に、「悪い」と思うところからスタートしてみてください。自分を疑うところからはじめてみてください。

相手に話が伝わらないのは、自分が悪いから。

自分が理解できないのは、自分が悪いから。


自分のことを悪いと思うのは、決してマイナス思考ではありません。

「自分が悪い。ならどうすべきなのか？」と、反省することができるからです。

自分は頭が悪いから、勉強したり本を読んだりしよう。

自分は仕事ができなくて会社やみんなに悪いから、人一倍仕事を頑張ろう。

自分は伝え方が悪いから、言い方や表現を変えてみよう。

そんなふうにして、人は改善したり成長したりすることができます。

罪の意識を感じるのは、まともな証

自分が正しいと信じて疑わない人は、過ちを犯したときも後ろめたさを感じません。


「自分はいま、悪いことをした」

「自分はいま、ずるをした」

過ちを犯したときにそう自覚できる人は、まだ大丈夫。

「自分は正しい」

「間違っていない」

「自分はちゃんとしている」

悪いことやずるいことをしても、そう思い込んで平然としていられる人こそ、タチが悪いのです。


たとえば、路上に「ここに自転車を置いてはいけません」という注意書きがあったとします。

それを見て、「ちょっと買い物に行くだけだから……ごめんなさい！」と罪悪感を覚えながら自転車を停める人と、なにも思わないまま自転車を停める人がいます。

もちろん、どちらもルールを守っていないという点では同じで、いけないことです。

しかし、心のどこかに「ごめんなさい」「自分はいまちょっと悪いことをしている」という気持ちがある人とない人とでは、人間としてのあり方に大きく差がつきます。

人はみな、そこまでちゃんとしてはいないものです。自分ではちゃんとしているつもりでいても、ほとんどの人はちゃんとしている〝ふう〟なだけ。

自分のずるいところやだめなところから目を逸らさず、直視して理解することができれば、人間としての厚みが出てきます。

POINT

「自分はだめ」という自覚を持つのが成長への第一歩。周りのせいにしている限り成長はできません

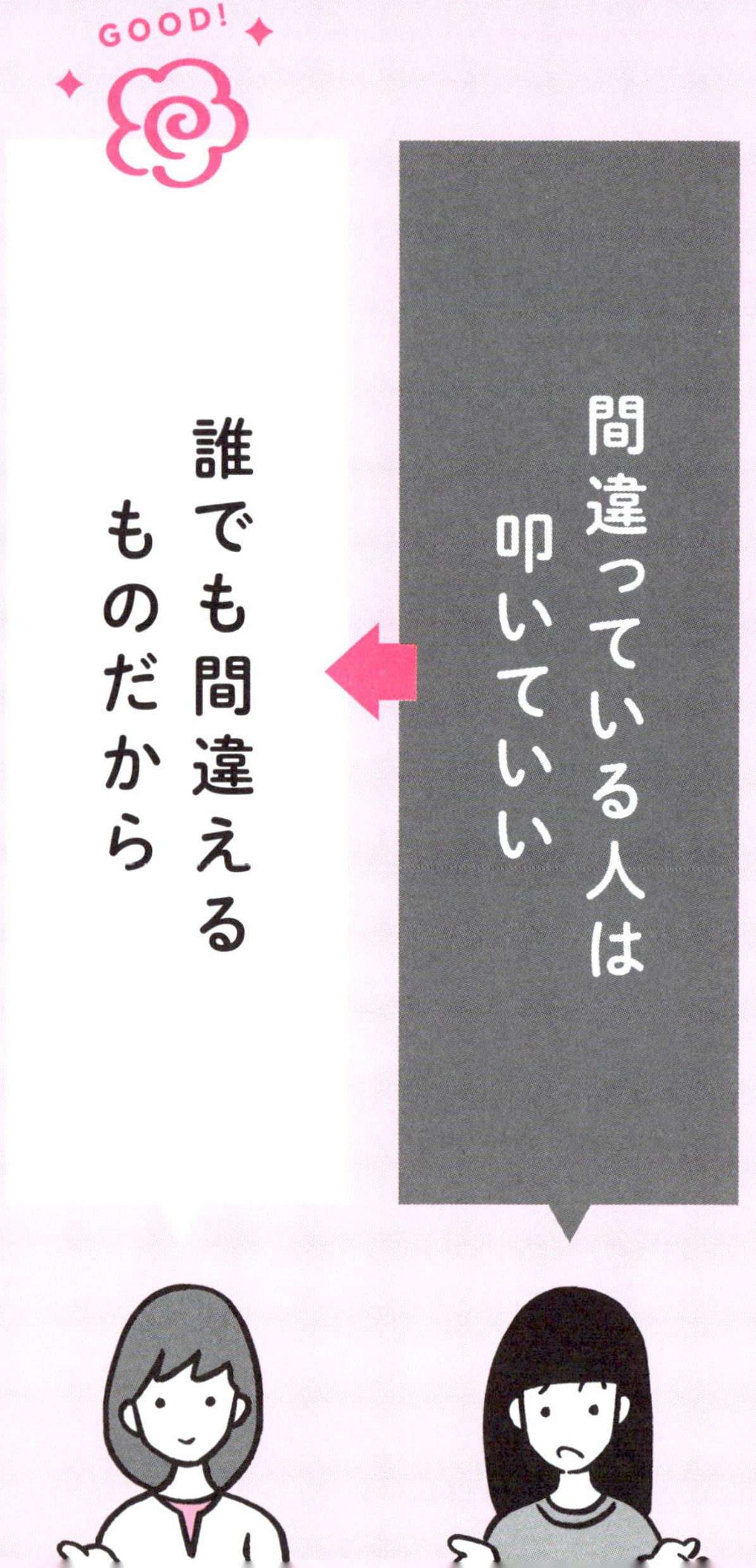
間違っている人は
叩いていい
GOOD!
誰でも間違える
ものだから

正しい正義感と間違った正義感がある

正義感。それ自体はなくてはならないものです。

しかし、この世には間違った正義感が溢れていて、それはとても危険な存在です。

間違った正義感とは、たとえば正義を振りかざして人を攻撃すること。

「自分は正しくて、相手は絶対に間違っている」

「間違っている人は、攻撃していい」

これは本当の正義ではなく、ただただ意地が悪いだけ。正義のふりをしたいじめと言ってもいいでしょう。

最近では、現実世界にもネットの世界にもそういう人が増え、とても息苦しくなっています。

以前、こんなことがありました。

男子高校生のグループが、路上で募金活動のボランティアをしていました。それ自体はとても素晴らしいことです。しかし見ていると、そのうちの数人が急に、近くに路上駐輪されていた自転車を蹴り倒したのです。

「駐輪違反をしているのが悪い。だから倒されても仕方ない」

「俺たちは正義なんだから」

そんなふうに言っていました。近くにいた彼らの先生らしき人も、注意しようとはしませんでした。

ボランティアという素晴らしいことをしているから、自分たちは正しい。

自分たちは正しいから、なにをやってもいい。

そういう思考回路からの行動なのでしょう。

もちろん駐輪違反自体はルール違反であり、よくないことですが、だからと言ってそれを取り締まる権利は彼らにはないし、自転車を蹴り倒していいわけはありません。

彼らの考え方や行動が正義と言えるでしょうか。


人間は不完全で、失敗や間違いは誰にでもあるもの。あなたにもあるはずです。

それなのに、失敗した人をひどく責めたり攻撃したりすることは、はたして正しいのでしょうか。

また、人生には白黒をつけられない、グレーで曖昧なものごともたくさんあります。

そういったことを認めて、融通をきかせて生きていくのが本来の大人のあり方のはずです。

間違った正義を振りかざす人は、融通がきかず、曖昧さを許しません。

また、そういう人の多くが自身のなかに不平不満を持っており、その気持ちをなにかにぶつけたいと思っています。

結果、人を傷つけ、自分のことも苦しめてしまうのです。


融通がきかず、曖昧さを許さない、〝押しつけの正義〟は危険です。

間違った正義が広がっていくと、やがて正義感自体が悪いものとなり、最終的には正義が求められなくなってしまいます。それがいちばん怖いこと。


だから、人の失敗を受け入れられる人になってください。

人やものごとの曖昧さを受け入れ、融通をきかせられるようになってください。

みんながそれを心がけることで、正しい正義が保たれていきます。

また、もし、あなたが人に正しいことを言おうとしたり、正義感からなにかをしようとしたりするときは、そのことを念頭において、慎重になることを忘れないでください。

POINT

正しい正義を守っていくために、人の曖昧さや不完全さを受け入れられる人になりましょう

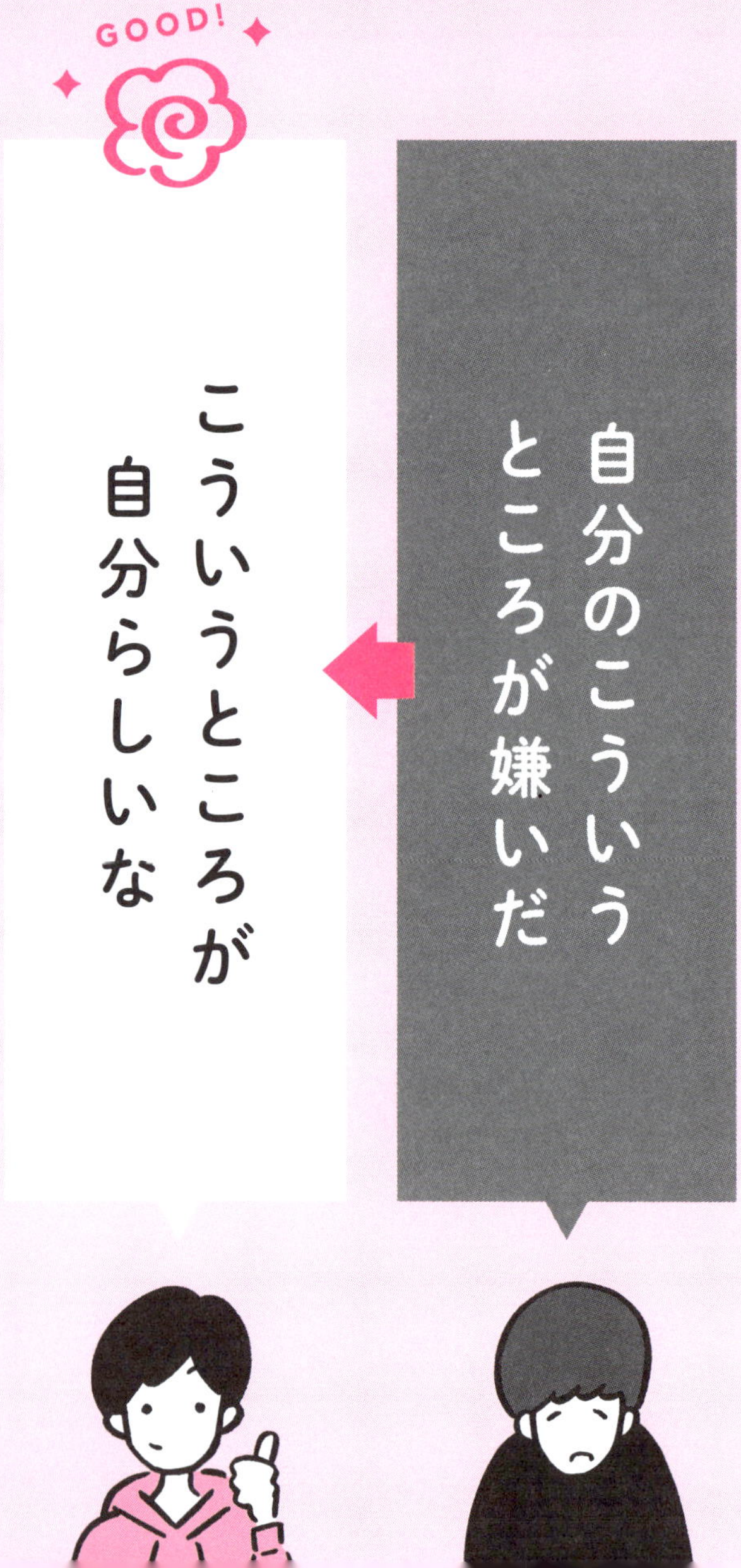
自分のこういうところが嫌いだ
GOOD!
こういうところが自分らしいな

嫌なところも含めて自分自身

「自分が嫌いです」

「自分を好きになれません」

そんな悩みをよく聞きます。


結論から言うと、**自分のことをそこまで好きになる必要はありません。**

誰もが、外見や才能など、自分自身にコンプレックスを持っています。もっと身長が高ければ、もっと顔がかわいければ、もっと頭がよければ、学歴があれば、才能があれば、お金があれば……。「れば」を考えていると、キリがない。

この世に完璧な人などいません。コンプレックスはあってあたりまえで、それを克服するのが人生です。完璧じゃないからこそ、人は自分のことを好きでいられるように、自分で自分を嫌いにならないように、努力するものです。

そのために大切なのは、自分を受け入れて、自分を許すこと。

現実の自分を受け入れないまま、ないものねだりをすると、自分がどんどん苦しくなる一方です。自分を受け入れられないことによる自信のなさが、結果的に不運を招いてしまいます。

己を不幸にしているのは自分自身なのです。

ありもしない才能を求めるより、そのままの自分を許してあげられたほうがずっといいでしょう。

「自分にはこれしかないんだ」「これしかできないんだ」と開き直って、できること以外には白旗を掲げてしまえば、気持ちがとても楽になります。そのほうがずっと自分らしくいられるはずです。

いちばんよくないのは、自分のコンプレックスを人のせいにすること。自分の欠点を人の責任にすることほど、恥ずかしい生き方はありません。それだけは絶対にしてはいけません。

大切なのは、自分のいい部分も嫌な部分も認めてあげること。
嫌な部分があること自体を気に病む必要は、まったくないのです。

POINT

自分に嫌な部分があるのはあたりまえ。気に病まず、「自分らしい」と受け入れてあげましょう

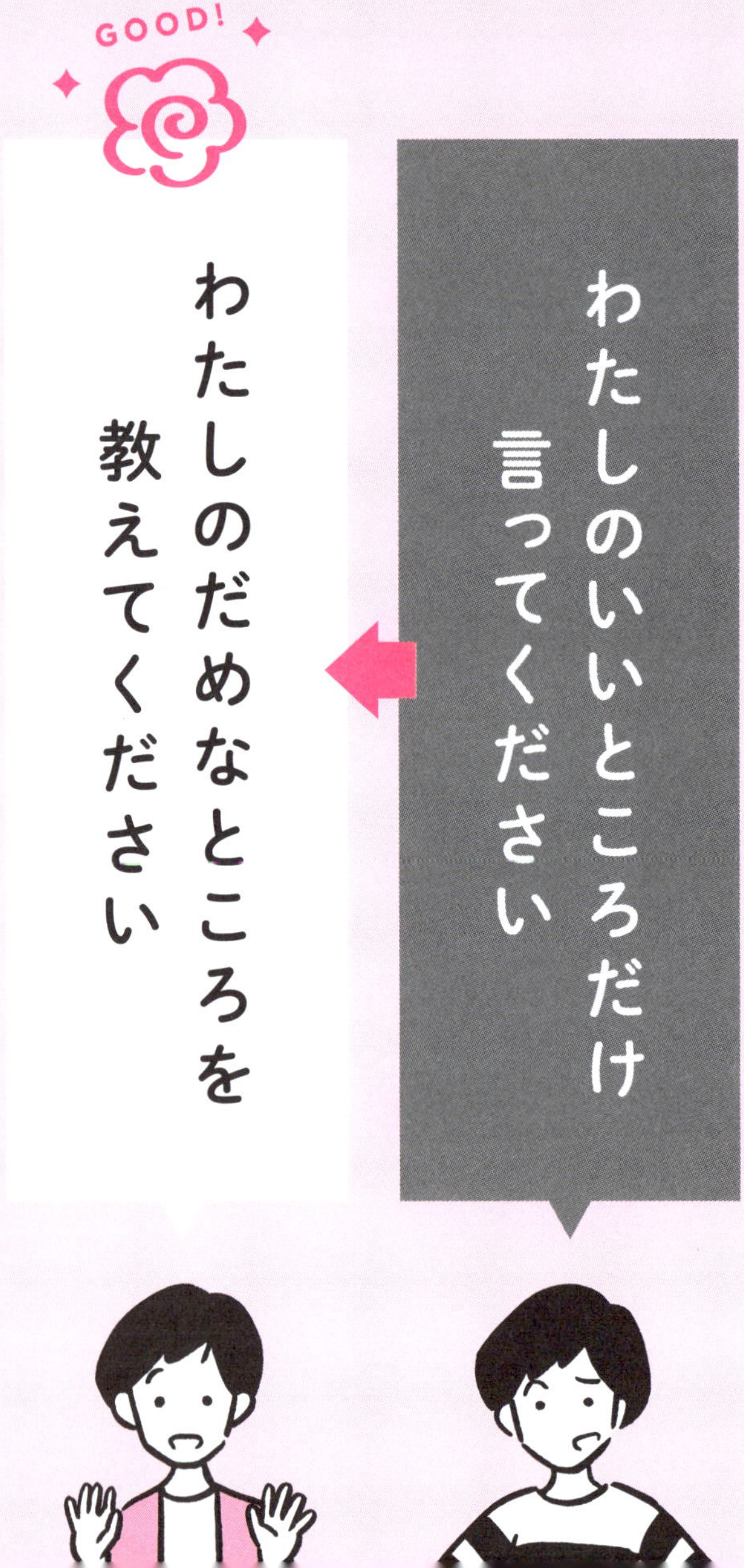
わたしのいいところだけ言ってください
GOOD!
わたしのだめなところを教えてください

完璧に近づける人は、自分の弱点と向き合える人

昔、あるボクシングの世界チャンピオンを占ったことがありました。

そのとき、彼は僕に向かってこう言いました。

「僕のだめなところを教えてください」

なぜそんなことを聞くのかとたずねると、

「僕にはまだ隙がある。だから、だめなところを知りたいんです」

という答えが返ってきました。

僕は驚きました。世界チャンピオンでも、まだ自分に不足があると思っているのです。

また、顔見知りの有名漫画家は、担当編集者に必ず作品へのだめ出しをお願いしていると言っていました。理由を聞くと、「人間は完璧ではないから」。両者とも、いまよりも強くなろう、いいものをつくろう、成長しようと考え、いまの自分が完璧でないことを認め、自分の欠点や弱点を受け止めようとしています。

成功している人やお金持ちの人を占ったときは、高い確率で「自分の悪いところを言ってほしい」と言われます。彼ら彼女らは、いいことよりも悪いことを聞きたがるのです。

普通の人は、「マイナスなことは言わないでください」「わたしのいいところを知りたいです」「プラスになることだけ教えてください」と言ってきます。

成功者が自分の弱点を知ろうとするのには理由があって、それは彼ら彼女らの周りにはイエスマンが多いから。

当の本人もそれをわかっていて、「だめ出しをしてくれる人がいなくなったら困る」という危機感から、占いを通して自分を客観的に見ようとするのです。成功者が自ら率先して危機管理ができるのは、すごいなと思います。

これも、完璧を目指すがゆえの行動なのでしょう。


人間は必ずミスをする生き物です。

「わたしは完璧。失敗なんてしない」というのは、ドラマのなかだけの話。現実世界でそんな考え方をしていては、人としての成長を止めてしまいます。

完璧を目指しても完璧にはなれませんが、完璧を目指さないことには、完璧に近づくことはできないのです。

POINT

成功したいなら、現状に満足せずに、自分のだめなところを知りましょう

わたしはだめだなあ

GOOD!

わたし、できるじゃん

自分を自分でほめて、自信を伸ばす

自分に自信がなくて悩んでいるという方、たくさんいると思います。

自分はできない人間だとか、だめな人間だとか、思わないでください。

この世に完璧な人間なんていません。あなたが思うよりずっと、みんな間抜けで、みんないい加減で、みんな偏っています。

自分に対してネガティブな言葉をかけていると、幸せが逃げてしまいます。

そこでおすすめなのが、自分へのポジティブな声かけ。自分に対して「あなたは」と投げかけ、そのあとにプラスの言葉、ポジティブな言葉をかけ続けてみてください。そうすることで運の流れは変わってきます。

「あなたは大丈夫」「あなたはできる子」「あなたは頑張れる」「あなたは勇気がある」「あなたには善意がある」「あなたは優しい」「あなたはネガティブなことを思わない」「あなたはマイナスなことは気にしない」

そして、なにかできたとき、自分をほめてあげてください。

「わたし、できてる！」

「俺、できるじゃん！」

どんなささいなことでもいいのです。自分で自分をほめれば、それだけで自信はついてきます。

そのあとは、目標を掲げ、それに向かってまた進んでいけばいいのです。ここで大事なのは、達成できそうな、ハードルが低めの目標を掲げること。ハードルを低めに設定することで、目標は達成しやすくなり、自分をほめる機会が増えますよね。

そうして自分で自分をほめられるように頑張っていれば、人からもほめてもらえるようになります。

「無理」「難しい」「つらい」「苦しい」

そう思ったときこそ、「あなたなら大丈夫」と声をかけてみてください。運の流れがいいものに変わっていきます。

これを日々繰り返すことで、幸運をつかめる人になれますよ。

POINT

ネガティブな言葉は幸運を遠ざける。
自分で自分をほめれば、人からもほめられる

おわりに

人生はすべて、言葉で決まる。

誰しもこれまで生きてきたなかで、「そんな言い方をされたらやりたくなくなる」と行動に移せなかったり、逆に「そう言われたらやるしかないな」と動き出せたり、他人の言葉ひとつで自分の行動が変わった経験があると思います。

なにをどう伝えるのか、相手によってどう言葉を変えるのか。

人生をうまく進めている人や、成功者といわれる人に会って話しているときに感じるのは、言葉の使い方の巧みさです。

単なる甘え上手とはまた少し違う、周囲がついつい動いてしまう言い方を自然にできている人が多くいました。さらに、品や挨拶や礼儀も忘れない。

まさに、人が協力したがらないわけがないような人ばかりでした。

僕自身、残念ながら本書で紹介した言葉を初めから完璧に使えていたわけではなく、恥ずかしい思いもなんどもしてきました。

それでも、いろいろな人に会うなかで「素敵な言い方をするな」と感じた経験を糧に、できるだけ意識して自分の言葉を変えてみたら、自然と人間関係や仕事の流れが変わってきました。

言葉ひとつで人生が変わった——そんな自分自身の体験を多くの人に伝えたくて、日々ブログを書き、この本にまとめました。

お説教のように感じる部分もあるかもしれませんが、ぜひ素直に受け止めて、自分の成長につなげてください。


読み終わって「こんなのあたりまえじゃん」「知ってるよ」「当然でしょ」と感じた方もいるかもしれません。

でも実は、そこには問題がひそんでいます。

「では、実際にこの本の言葉を使えていますか?」と突っ込まれたら……できていない人がほとんどなのではないでしょうか。

ぜひ実際に試して、続けてみて、自分や周囲が変わってくることを楽しんでみましょう。

もちろん、ある程度時間はかかってしまうものなので、本書で紹介した「連続と継続」（156ページ）を参考に、よい言葉を「継続」して使ってみてください。


人は環境の生き物です。あなたが変わっても、環境が同じならいつまでも現状が変わらない場合もあります。幸せで明るい未来を目指すなら、自分の環境を思いきって変えてみることも必要になるかもしれません。

「類は友を呼ぶ」なら、自分がどんな「類」になるのか。雑な言葉を使う人から離れる覚悟も必要です。友人や知り合い、ときには家族とも離れなければならない場合もあります。つらいかもしれませんが、それがなかなかできずに苦労や不運から抜けられない人が多いのも、また事実です。

言葉の力を信じてみましょう。

他人は変えられなくても、あなたの言葉使い、言葉選びはいますぐに変えられます。

素敵な人、憧れの人、尊敬できる人ならどんな言葉を使うのか想像してみましょう。

よい言葉を、前向きな言葉を、魅力的な言葉をもっと使えるように、意識して過ごしてみましょう。

言葉には力があり、言葉ひとつで幸せになれるもの。

ゲッターズ飯田

PROFILE

ゲッターズ飯田

げったーず・いいだ

これまで7万人を超える人を無償で占い続け、「人の紹介がないと占わない」というスタンスが業界で話題に。20年以上占ってきた実績をもとに「五星三心占い」を編み出し、芸能界最強の占い師としてテレビ、ラジオに出演するほか、雑誌やwebなどにも数多く登場する。メディアに出演するときは、自分の占いで「顔は出さないほうがいい」と出たことから赤いマスクを着けている。LINE公式アカウントの登録者数は180万人を超え、著書の累計発行部数は1100万部を超えている（2024年9月現在）。『ゲッターズ飯田の五星三心占い』シリーズは7年連続100万部を出版し、2021、22、23年の年間BOOKランキング作家別1位（オリコン調べ）と、3年連続、日本でいちばん売れている作家。